职业院校电子商务

网店美工与
视觉设计

闫寒◎主编　高丹 王蕾 肖斌◎副主编

人民邮电出版社

北　京

图书在版编目（CIP）数据

网店美工与视觉设计 / 闫寒主编. -- 北京 ：人民
邮电出版社，2019.2
职业院校电子商务类"十三五"新形态规划教材
ISBN 978-7-115-49892-2

Ⅰ. ①网… Ⅱ. ①闫… Ⅲ. ①网店－设计－职业教育
－教材 Ⅳ. ①F713.361.2

中国版本图书馆CIP数据核字(2018)第244410号

内 容 提 要

本书采用理论与案例相结合的方式，详细介绍了 PC 端与无线端网店美工的设计思路
和具体实现方法，并根据网店美工在设计中所涉及的知识点，精心设计了案例。

本书分为 8 章，内容包括网店美工和基本技能、网店配色与图片素材收集、网店商品
图片美化、店铺 Logo 与店招视觉设计、店铺首页视觉设计、推广图片视觉设计、详情页
视觉设计、无线端店铺视觉设计。本书层次分明、重点突出、步骤清晰、通俗易懂，不仅
包含了大量实际网店商品的案例图片，而且对网店美工岗位要学习的内容进行了详细的说
明，让读者可以更好、更快、更深地掌握网店的装修和设计方法。

本书不仅适合网店卖家及网店美工、设计人员等电商从业者学习参考，还可作为本科
院校、职业院校相关专业及电商培训机构的学习教材。

◆ 主　　编　　闫　寒
　　副 主 编　　高 丹　王 蕾　肖 斌
　　责任编辑　　古显义
　　责任印制　　马振武

◆ 人民邮电出版社出版发行　　北京市丰台区成寿寺路 11 号
　　邮编　100164　　电子邮件　315@ptpress.com.cn
　　网址　http://www.ptpress.com.cn
　　河北画中画印刷科技有限公司印刷

◆ 开本：700×1000　1/16
　　印张：10.75　　　　　　　　2019 年 2 月第 1 版
　　字数：220 千字　　　　　　2019 年 2 月河北第 1 次印刷

定价：49.80 元

读者服务热线：(010)81055256　印装质量热线：(010)81055316
反盗版热线：(010)81055315
广告经营许可证：京东工商广登字 20170147 号

前言 PREFACE

随着电子商务的发展壮大，在产品和服务竞争激烈的市场中，企业必须竭尽全力吸引并留住买家。网店的装修、商品图片的美观，将是留住买家最关键的保证。网店建店初期的店铺装修、整体网店风格的布局、商品图片的细节处理、节日活动宣传图文的制作等，都需要由专业的美工人员完成，这是一项长期而持久的工作。要想在激烈的市场竞争中保持竞争优势，保持稳定的发展，企业就必须重视网店美工，做好视觉营销。

关乎一个电商企业成败的重要因素很多人会说是流量，其实更为重要的是点击率和转化率，而这两个数据都与美工的水平高低有着非常重要的关系。如果产品的图片不好看，详情页的设计无法满足买家的心理，店铺的浏览量、转化率肯定很低。而网店推广活动中的直通车、钻展活动，也离不开美工。因此，网店美工越来越受到电商企业的重视，院校也纷纷开设"网店美工"课程。

院校电子商务专业在开设"网店美工"课程时，教师往往困惑于如何在基于工作内容的教学体系下选择合适的教材。现有的教材偏重于介绍软件的运用和图片设计，过多地强调图片技术处理，而忽略了电子商务的行业背景和买家的消费行为，不能让学生真实地了解企业具体的工作内容，同时教学缺少互动。

因此，针对网店美工人才的现实需求及教学的现实需要，编者特编撰了本书。本书共8章，从提出问题到解决问题，循序渐进，将知识传授与能力培养融为一体。

本书具体特色如下。

1. 定位准确、重点突出。本书始终围绕电商行业背景下的网店美工岗位开展教学设计，注重学生基础理论和基本技能的培养，将理论知识与实践中的案例相结合，构成了理实一体化的教材组织结构。

2. 内容创新、注重应用。本书从企业实际需求出发，通过分析网络消费者行为，挖掘视觉营销关键知识点，形成本书的教学内容。

3. 逻辑清晰、科学合理。本书侧重基础应用，兼顾高深内容。本书对知识的讲解注重循序渐进、逐级提高，各个章节也相互联系、逻辑清晰。同时，本书的每章后都有习题训练，体现了"由简单到复杂、由单项到综合"的实践教学特色。

本书由闫寒任主编，由高丹、王蕾、肖斌任副主编，康星宇、纪亚楠参编本书。在编写过程中，编者参考了较多的文献资料，部分内容取材于编者多年积累的教案资料及企业实例，编者在此一并对相关作者致以诚挚的谢意！本书配有PPT课件、案例素材、试卷等教学资源，选书的教师可以登录人邮教育网站（www.ryjiaoyu.com）获取资源。

编 者
2018年8月

目录 CONTENTS

第1章

网店美工和基本技能

● 学习目标

能力目标

❶ 熟知网店美工的技能要求，了解常用美工软件。

❷ 了解网店美工需要注意的问题。

知识目标

❶ 理解网店美工的概念。

❷ 掌握网店美工风格的确定方法。

1.1　网店美工的工作范畴与设计要求

≫ 1.1.1　网店美工概述

用户通过平台注册会员并开通卖家服务后，网络销售工作就要开始了。拥有了卖家会员的资格后，用户就可以在网络上将商品上架，通过商品照片、活动海报等让买家了解到网店的销售信息。

网店美工实际上就是通过图形图像处理软件对商品的照片进行修饰，利用美学设计理念对素材、文字和照片进行组合，给人以舒适的、直观的视觉感受，让买家从设计的网店中了解到更多商品信息和店铺信息，促进商品的销售。判定一个网店的好坏，首先看的就是店铺的美工，没有专业恰当的美工，哪怕店铺中的商品质量再好，也不一定能销售出去。

图1-1所示为某卖家拍摄的学步车商品照片。如果没有后期的修饰和润色，直接将照片放到网店上，相信这样的商品是很难销售出去的。网店美工人员通过专业的处理软件对照片进行抠图，调整商品的层次和色彩，同时进行适度美化后，将处理的商品添加到网店中，形成完整的效果。图1-2所示为添加到网店首页中的编辑效果。可见，从照片处理开始，通过素材的组合，最终制作成网店装饰页面的过程就是网店美工。

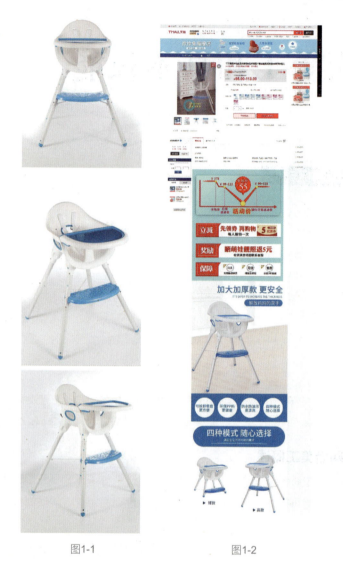

图1-1　　　　　　　　　　　　图1-2

　　网店美工与网店的货源一样重要，绝对不能忽视。正所谓"三分长相，七分打扮"，网店的美工如同实体店的装修一样，可以让买家从视觉和心理上感觉到网店的专业性和权威性，以及店主对店铺的用心程度。优秀的设计能够最大限度地提升网店的形象，有利于网店品牌的形成，能提高网店的浏览量及销售转化率，那么网店美工主要是对网店中的哪些位置进行美工设计呢？

　　从图1-3和图1-4可以发现网店中需要进行美工设计的区域非常多，且需要根据商品的变化、季节的变化进行相应的调整。也就是说，一个网店的美工设计不会一成不变，它是一个持续性较强的工作，需要付出很多时间和精力去打造。

图1-3   图1-4

　　漂亮恰当的网店美工设计可以延长买家在网店的停留时间，买家浏览网页时不易疲劳，自然就会细心浏览店铺。合理的规划和精心的设计可以有效地吸引和留住买家，从而实现提高销量的目的。

1.1.2 网店美工人员的工作内容与技能要求

1. 网店美工人员的含义

　　美工人员一般是指对平面、色彩、基调、创意等进行加工和创作的技术人员，分为平面美工人员、网页美工人员和三维美工人员，一般需要精通Photoshop等设计软件。网店美工人员是网店页面编辑美化工作者的统称，须熟悉Photoshop、Illustrator等软件。网店美工人员的工作类似于平面设计的工作，需要通过了解产品的特征，对用户群进行精准分

析，要求用对比、均衡、重复、近似、渐变等方法体现节奏美、韵律美，设计出吸引眼球的海报等，并在详情页面上显示出来。网店美工能反映网店美工人员超凡的审美能力。

2. 网店美工人员的工作内容

网店美工人员的主要工作内容包括拍摄产品图片，产品上新；优化产品详情页，设计产品关联销售模块；制作网店各类促销海报；设计网店招牌及店铺风格，等等。网店美工人员要掌握网店首页装修、宝贝详情页设计、直通车/钻展图设计，如果会写文案、会拍照则更好。

随着手机端用户的增加，网店美工人员也要会针对手机端、平板电脑端进行相应的页面美化。由于手机端屏幕较小，因此手机端的图片要简洁明了，不可烦琐。

3. 网店美工人员的技能要求

（1）网店美工人员的基本素质

网店美工人员不只是做图，其理解能力同样重要，要能洞悉策划方案的意图。美工能力与洞悉能力结合才能完成一个好的活动界面设计。美工创意比起技术往往更重要，因此想成为一名资深的网店美工人员，需要在创意方面付出更大的努力。网店美工人员需要具备扎实的美术功底、丰富的想象力、良好的创造力和较好的文字功底。另外，网店美工人员还需要具备商业海报的制作思维，让看到图片的消费者产生消费的冲动，多数网店美工作品让人看不出其特色，有的网店美工作品则只有几张图片，而且图片也很大众化，让人看不到网店美工人员的审美和技术特点，还有一些作品就干脆只是发网址，抄袭图片。因此，网店美工人员要做好两方面的准备，一个是自己设计作品的积累，另一个是字体等素材的准备。

网店总是要突出所宣传产品的吸引人的特点，这个突出的特点就是产品的诉求，即最能够打动消费者的、商家最想展示的、产品最大的特色。所以，一个优秀的网店美工人员，一定要有一个良好的营销思维；在做图的时候，一定要清晰地知道图片传递出去的是什么信息，以及它能否打动消费者。每一个网店美工人员都一定要懂产品、懂营销、懂消费者。

网店美工人员新手往往是以创作的心态完成店铺页面的设计的，把很多时间浪费在创作上，而电子商务大多是以时间和速度取胜的。建议初学者多模仿大型网站的配色与排版，再进行创作。

（2）网店美工与网店运营的关系

网店的视觉设计要做得上档次，网店美工人员必须与网店运营人员始终保持沟通，以实现提高产品销量这一共同目标。美感的东西主要靠网店美工人员自己去发挥，运营的建议要积极吸取，毕竟设计也是为营销服务，为消费者服务的。带有营销感的设计需要有互动思维，以及鲜活的文案和抢眼的视觉。

1.2 网店美工常用的图像制作与处理软件

网店美工人员须掌握的软件包括Photoshop（功能强大，应用最多）、Dreamweaver（热点制作）、Flash（动态视频制作）、Illustrator（矢量软件，功能多）、Fireworks、CorelDRAW（矢量软件，功能多）和3dMax。

≫ 1.2.1 Photoshop

网店美工设计最常用的工具就是Photoshop软件（简称PS）。它是由美国Adobe公司开发和发行的图像处理软件，功能非常强大，主要应用在处理像素构成的数字图像。其很大的优点就是它有很好的兼容性，一般不会因为软件的升级而删除上一个版本的一些工具和操作命令。本书后面章节均以Photoshop CS6为设计软件进行讲解，其工作界面如图1-5所示。熟练掌握Photoshop软件之后，大多操作都可以用快捷键来实现。

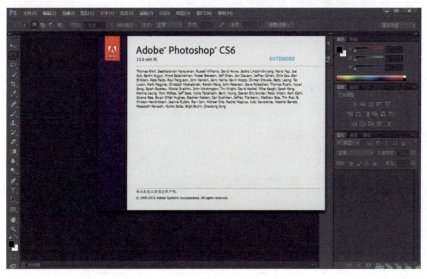

图1-5

≫ 1.2.2 电商图片助手

电商图片助手是一款批量下载商品图片的软件，可批量下载各大主流电商平台（如淘宝、天猫、京东、阿里巴巴、亚马逊及QQ相册等）上的图片。

很多网店美工人员认为专业的网店美工人员不需要下载他人的图片来修改。但大多数人的想法是：虽然自己可以设计，但设计一个商品（含主图、属性图、描述页）最少得花半个小时的时间，如果下载设计好的，用自己的技能花5分钟就可以改得很有特色，大大提高了工作的效率。下载他人的热销产品图片，也可以激发创作灵感。电商图片助手的界面如图1-6所示。

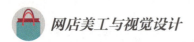

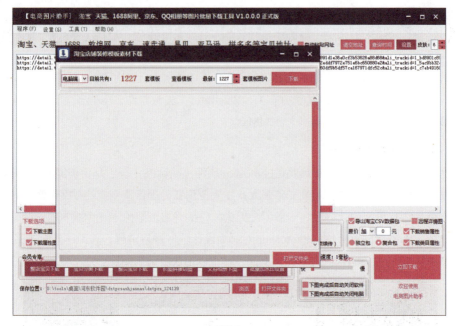

图1-6

1.2.3 Dreamweaver

Dreamweaver（简称DW）也是Adobe公司旗下的一款软件，是一套针对专业网页设计师特别开发的视觉化网页开发工具，利用它可以轻而易举地制作出跨越平台限制和跨越浏览器限制的充满动感的网页，其界面如图1-7所示。

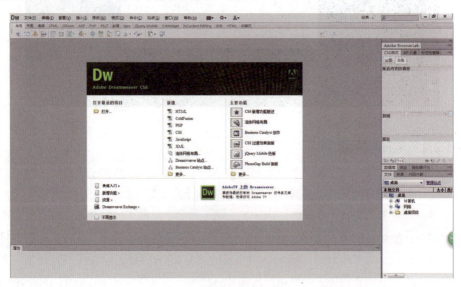

图1-7

》 1.2.4　Flash

Flash广泛用于创建吸引人的应用程序，可包含丰富的视频、声音、图形和动画。可以在Flash中创建原始素材或从其他Adobe应用程序（如Photoshop或Illustrator）导入素材以快速设计简单的动画。其界面如图1-8所示。

图1-8

》 1.2.5　Illustrator

Illustrator（又称为AI软件）是Adobe公司推出的一款矢量图形制作软件，广泛应用在印刷出版、海报书籍排版、插画、多媒体图像处理和互联网页面的制作等。网店美工人员使用AI软件主要用于一些图标的制作、海报艺术文字的创意制作等。另外，由于通过AI软件存储的图片是矢量格式的图片，不存在失真的问题，因此网店美工人员通常也会涉及很多AI格式素材的编辑，以便输出其他文件格式的图片进行应用。其界面如图1-9所示。

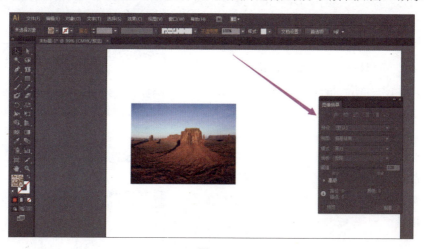

图1-9

》》1.2.6 Fireworks

Fireworks是一款网页作图软件，它可以加速 Web 设计与开发，是一款创建与优化 Web 图像和快速构建网站与 Web 界面原型的理想工具。其界面如图1-10所示。

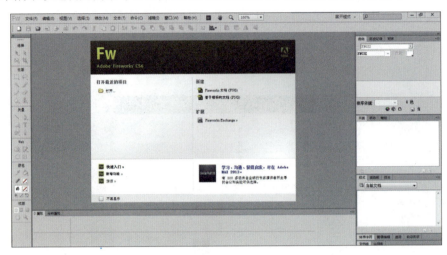

图1-10

1.3 网店美工与店铺装修风格

》》1.3.1 确定店铺装修风格的重要性

现在开网店的店家都意识到了网店美工的重要性，虽然有很多漂亮的模板可以使用，但是这些网店模板都是有风格的，如果模板风格不符合店铺的定位，那么它就不是一个好的模板，因此确定店铺装修的风格至关重要。确定店铺装修风格后，按照图1-11所示的思路，才能制作出有效的视觉效果。

网店的装修从一定程度上可以影响店铺的运营。定位准确、美观大方的店铺装修，可以提升网店的品位，从而吸引目标人群，提高潜在消费者的浏览概率，延长其店铺停留时间，最终提升店铺的销量。

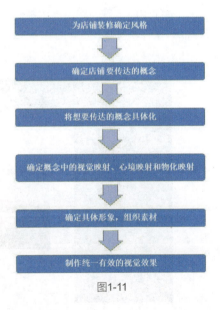

图1-11

▶▶ 1.3.2 确定店铺装修风格的方法

　　确定店铺装修风格就是将头脑中的思维具体化。可以从日常的报刊（见图1-12）中挑选符合某种心情、意境或关键词的图片，把图片剪下来，然后粘贴在一起，形成一个完整的画面，最后加以修饰和润色，就是一个很好的设计模板。

图1-12

　　店铺装修风格一般体现在店铺的整体色彩、色调及图片的拍摄风格上。网店平台网站上有多种店铺风格可供选择。店家可以选择这些固定的店铺模板来进行装修，也可以根据店内商品的特点和风格重新进行设计，使店铺独具特色，也更符合店铺定位。

　　想要抓住店铺的灵魂，不能只靠网店美工人员的个人品位，也需要一个系统的方法，如图1-13所示。

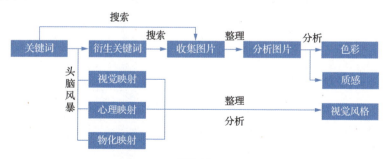

图1-13

在确定店铺装修风格的开始就要通过综合使用用户研究、品牌营销、内部讨论等方式，明确体验关键词，如清爽、专业、有趣、活力等。接下来邀请用户、网店美工人员或决策层参与素材的收集工作，使用图片素材展示风格、情感、行动，并定义关键词。然后根据选择图片的原因，挖掘更多背后的故事和细节。最后，将素材图按照关键词分类，提取色彩、配色方案、机理材质等特征，作为最后的视觉风格的产出物。

图1-14所示以关键词"清新"为例，通过联想关于"清新"的颜色，得到一组色彩较为淡雅的配色。接着联想与"清新"相关的材质，即玻璃、水珠等，再进一步地分析这些材质所带给人的视觉、心理和物化的映射词组，就会大致把握住有关"清新"这个风格的素材。通过将这些信息进行组合和提炼，基本就完成了网店装修素材的收集工作。

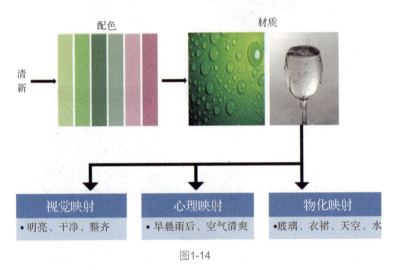

图1-14

》》 1.3.3　不同店铺装修风格欣赏

要确定网店的店铺装修风格，除了要独树一帜以外，还要关注同行的店铺。要时刻了解对手店铺的情况，以及新品上架、店铺装修等内容，通过将对手店铺与自身店铺进行对比，总结出更适合的销售方案和装修风格。

在店铺装修的过程中首先要准确定位，在设计上突出店铺的风格和品牌，并且适时地借鉴他人的经验。

图1-15、图1-16和图1-17分别为三种不同风格的网店首页装修效果，依次为手绘自然风格、暗黑酷炫风格和实木原生态风格。

通过对比可以发现，它们各自选择了适合自己店铺风格的修饰元素，并且使用了不同的配色。根据店铺销售商品的不同，对商品进行了有效的包装和设计，使各自所呈现出来的视觉效果各有不同，让消费者更加容易区分，形成特定的记忆。这也有助于店铺自身形象的树立。

图1-15　　　　　　　　　　　　　　　图1-16　　　　　　　　　　　　　　　图1-17

　　像实体店一样，店铺装修的风格非常重要，决定了买家进入店里的第一视觉印象。一家新开的店铺要如何确定自己的装修设计风格呢？从大类来划分，如果按照视觉效果分，常见的有简约、复古、田园、大气、商务等风格；如果按照颜色分，有蓝、白、橙、红等多种风格。由于行业不同，店铺装修风格差别较大，需要读者在后续的课程中边学习边总结其中的规律。

习题训练

　　（1）请列举网店美工常用的软件及它们之间的区别。

　　（2）请为一个淘宝店铺确定店铺装修风格。

第2章

网店配色与图片素材收集

学习目标

能力目标

① 掌握网店色彩搭配的方法和技巧。

② 掌握网店图片素材的收集技巧。

知识目标

① 掌握色彩基础知识。

② 了解网店美工的色彩心理应用，能挑选适合店铺的色彩搭配。

③ 掌握网店图片素材的颜色模式、图片格式和筛选技巧。

2.1 了解网店美工人员必备的色彩知识

　　掌握色彩的基本知识对于设计店铺非常有帮助，这些知识都源自人们对色彩的理解和科学归类。其中，色彩的色相、明度和纯度与网店色彩的构成紧密相关。了解并掌握色彩的相关知识可以让设计工作事半功倍。

▶▶ 2.1.1 构成色彩的三要素——色相、明度与纯度

　　色彩的三要素具体指的是色彩的色相（Hue）、明度（Brightness）和纯度（Saturation）。它们有着不同的属性。

1. 色相

　　色相指的是色彩的首要特征，是区别各种不同色彩的最准确的标准。波长不同的光波作用于人的视网膜，会使人产生不同的颜色感受，形成色彩。色相具体指的是红、橙、黄、绿、青、蓝、紫等。它们的波长各不相同，光波比较长的色彩对人视觉有较强的冲击力，反之，冲击力弱。色相主要体现事物的固有色和冷暖感。设计人员常参考的约翰内斯·伊顿设计的12色相环，如图2-1所示。

图2-1

2. 明度

明度是指色彩的深浅和明暗程度，明度变化如图2-2所示。色彩明度的变化即深浅的变化，可使色彩有层次感，体现出立体感和空间感。同一种色相有不同明度的差别，最容易理解的明度是白至黑的无彩色，黑色是最低明度，灰色是中级明度，白色是最高明度。在整体印象不发生变动的前提下，维持色相，纯色不变，通过加大明度差可以增添画面的张弛感。明度值越高，图像的效果越明亮、清晰；相反，明度值越低，图像效果越灰暗。明度差别比色相差别更容易让人将物体从背景中区分出来，因此，图像与背景的明度越接近，辨别图像就越困难，反之则越清晰。

图2-2

3. 纯度

纯度指的是色彩的鲜艳程度，也称色彩的饱和度、彩度、鲜度、含灰度等，如图2-3所示。红、橙、黄、绿、青、蓝、紫七种颜色的纯度较高。每一色中，如红色系中的橘红、朱红、桃红，纯度都比红色低些。在同一色相中，纯度越高，越显鲜艳、明亮，能给人强有力的视觉刺激效果；相反，纯度越低，越加柔和、平淡、灰暗。

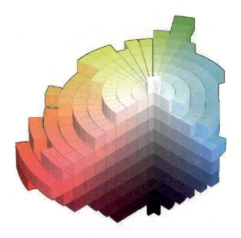

图2-3

2.1.2 色彩心理应用

1666年，物理学家牛顿通过三棱镜证实，日光可分解成红、橙、黄、绿、青、蓝、紫。而各种光的波长均不同，其中，红光波长最长，紫光波长最短。物体之所以会呈现不同的颜色，一个重要原因就是它们对太阳光的吸收与反射是不同的。人们看到色彩的过程，即光线进入人的视网膜后，视神经受到光线刺激，转化为神经冲动，神经将信息传给大脑视觉中枢，产生色彩感觉的过程。

色彩心理是客观世界的主观反映。色彩的直接心理效应来自色彩的物理光刺激对人的生理发生的直接影响，不同波长的光可以产生不同心理活动。不同波长的光作用于人的视觉器官而产生色感时，必然导致人产生某种带有情感的心理活动，如表2-1所示。例如，红色能使人生理上脉搏加快，血压升高，心理上给人以温暖的感觉；但长时间的红光刺激，也会使人产生烦躁不安的情绪。

表2-1 不同波长的光产生不同心理活动

颜色	象征形态	抽象情感联系
红色	火焰、太阳、鲜血、花卉	温暖、兴奋、热烈、希望、忠诚、健康、充实、饱满、幸福等
橙色	火焰、灯光、霞光、水果、秋叶	活泼、华丽、辉煌、跃动、炽热、温暖、甜蜜、健康、欢喜、幸福等
黄色	黄金、阳光、麦田、土地、香蕉、柠檬	光明、辉煌、轻快、纯净、快乐、希望、智慧等，能引起酸性味觉的食欲感
绿色	大地、草原、庄稼、森林、蔬菜、青山	自然、健康、成长、安静、安详、新鲜、和平、生命、青春、凉爽、清新等
蓝色	天空、海洋、太空、宇宙	平静、冷淡、理智、速度、诚实、真实、信任、深远、崇高等

续表

颜色	象征形态	抽象情感联系
紫色	薰衣草、葡萄、夜空	神秘、优雅、高贵、庄重、奢华、细腻、秘密等
白色	雪、云、白纸、天鹅、婚纱	纯洁、清白、纯粹、清静、明快、空白、高尚、整洁等
灰色	阴天、灰尘、烟雾、石材	柔和、细致、平稳、朴素、大方、平凡、谦和、中庸等
黑色	黑夜、黑发、魔法、黑板	沉静、神秘、严肃、庄重、含蓄等

当然，色彩都具有色相、明度和纯度，任何一项改变，都会使色彩的心理效应发生相应的变化。

2.2 店铺色彩搭配技巧

根据已掌握的色彩基本知识，接下来进行店铺色彩搭配知识的学习。

2.2.1 色相对比与调和的搭配技巧

色相对比是指两种或多种色彩共同存在时，可以综合影响消费者心理，如图2-4所示。在进行色彩对比设计时，应使对比恰到好处，画面才能艳而不俗、华而不浮，产生和谐的美感。色相对比与调和的程度一般可以分为五种程度的对比与调和：同类色对比与调和、类似色对比与调和、邻近色对比与调和、对比色对比与调和、互补色对比与调和。

图2-4

同类色对比与调和：在色相环上相距15°左右的色彩为同类色。同类色色相非常接近，只能通过明度、纯度的差别来营造细腻丰富的视觉效果。同类色对比与调和属于最弱的色相对比，一般用来表现雅致、含蓄、单纯、统一的视觉情感，如图2-5所示。

图2-5

类似色对比与调和：在色相环上相距30°~45°的色彩为类似色。类似色色相差别小，但比同类色色相对比的强度大些，仍要通过明度、纯度的差别来产生丰富的视觉效果。类似色对比与调和属于弱色相对比，可以使画面色调和谐、统一，如图2-6所示。

图2-6

邻近色对比与调和：在色相环上相距90°左右的色彩为邻近色，邻近色对比与调和属于适中色相对比，可以使画面显得色彩丰富，同时由于色彩并不是非常对立，易于做到统一、调和，如图2-7所示。

图2-7

对比色对比与调和：在色相环上相距120°左右的色彩为对比色。对比色对比与调和属于色相强对比，色彩差异大，能制造出色彩丰富、鲜明的视觉效果，如图2-8所示。

图2-8

互补色对比与调和：在色相环上相距180°左右的色彩为互补色。互补色对比与调和属于最强的色相对比，将色相的对比推向极致，可以满足视觉全色相（红、黄、蓝）的要求。互补色对比与调和使画面对比丰富、强烈、刺激，具有强烈的视觉冲击力，如图2-9所示，但需要合理的搭配，否则将造成不协调、不统一、视觉感不集中的反面效应。

图2-9

▶▶ 2.2.2　明度对比与调和的搭配技巧

明度对比包括同色相和不同色相的明度对比，明度对比可加强明快感，对比越强，视觉效果越清晰，反之，视觉效果越模糊。单纯从颜色的明亮程度上说，可分为高调、中调、低调三种明度。

高调：以高明度的颜色为主调，产生明亮的色彩基调，给人感觉纯洁、柔软、轻盈、明亮，如图2-10所示。

图2-10

中调：以中明度的颜色为主调，产生中灰的色彩基调，给人感觉朴素、平静、朴实、沉着、稳定、中庸，如图2-11所示。

图2-11

低调：以低明度的颜色为主调，色彩基调灰暗，给人感觉厚重、凝重、古朴、神秘、雄伟，如图2-12所示。

图2-12

为了进一步研究明度的对比层次，把色彩明度具体划分为11个色阶进行对比，如图2-13所示。并把明度对比分为长对比、中对比和短对比，具体说明如下。

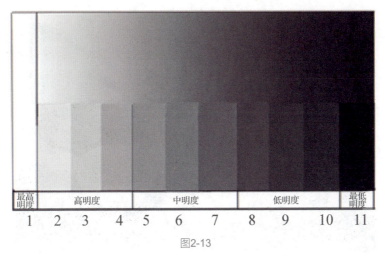

图2-13

长对比：在设计用色中，把最高明度和最低明度跨越5个阶段或5个阶段以上的色彩明度对比称为长对比。长对比明度对比较强，光感强，形象的清晰程度高，能造成强烈的视觉差异，给人刺激、明快、强烈、有活力、有力量的感觉。具体应用时应注意明暗面积的比例，使画面效果更加协调。明度对比配色结合色相对比来强化画面的对比效果，能使色彩的表达更完整、贴切，如图2-14所示。

图2-14

中对比：最高明度和最低明度跨越3个阶段以上、5个阶段以下的色彩明度对比称为中对比。中对比给人感觉稳重、适中，也会显得平均、中庸。中对比能够形成明显的明度差别，同时能更有效地构成一定的空间感，更具有视觉冲击感。明度对比常常和纯度对比联系紧密，某一色相在明度产生对比的同时，自身的纯度也有所改变，这无疑使对比变得更加含蓄、丰富，如图2-15所示。

图2-15

短对比：最高明度和最低明度差3个阶段或3个阶段之内的色彩明度对比称为短对比。短对比明度对比弱，给人感觉不明朗、模糊不清，如梦、柔和、寂静、柔软、单薄，同时体现出一种稳定性。为了使对比关系加强，在配色时可以采用低明度的背景衬托出前景色并强化对比，如图2-16所示。

图2-16

▶▶ 2.2.3 纯度对比与调和的搭配技巧

对于色彩来说，纯度越高，越显鲜艳；纯度越低，越加混浊。纯度对比可加强浓郁感。纯度对比是决定色调是华丽、高雅，还是古朴、含蓄的关键。按照颜色纯度的层次来说，可以分为高纯度基调、中纯度基调和低纯度基调。

高纯度基调：高纯度的色彩在画面上占大部分面积时（70%以上），画面形成高纯度基调。高纯度基调的画面色相感强，色彩鲜艳，形象清晰，具有强烈的视觉冲击力，能营造出热烈、刺激、外向、积极的氛围，如图2-17所示。

图2-17

中纯度基调：中纯度的色彩在画面上占大部分面积时（70%以上），画面形成中纯度基调。这是一种理想的调式，既富有色彩，色彩又由于纯度有所降低而不显得刺激，而是显得雅致、耐看，能使人产生和平、自然的感觉，如图2-18所示。

图2-18

低纯度基调：低纯度的色彩在画面上占大部分面积时（70%以上），画面形成低纯度基调。低纯度基调的画面色相感弱，色彩暗淡，形象柔和，能给人朴素、朦胧、含蓄等感觉。若色彩把握得好，将会使画面富有韵味、令人回味，并能避免由低纯度的颜色带来的灰、脏、粉等不良效应，如图2-19所示。

图2-19

2.3 挑选适合店铺的色彩搭配

2.3.1 根据店铺特点选择主色

在网店盛行的时代，一定要选择符合色彩消费心理的协调的色彩搭配，才能突显出网店的个性，使自己的店铺在众多的竞争者中脱颖而出，吸引消费者，招揽大量的回头客，寻求更高的成交量。在设计过程中，一定要对店铺色彩进行总体把握。

1. 红色

红色能给人带来温暖、热情、充满活力的感觉，是一种视觉冲击力极其强烈的色彩，很容易吸引消费者的注意，是店铺设计中使用频率最高的一种颜色。而且在店铺页面的色彩设计中，红色和黄色向来是中国传统的喜庆搭配，这种传统的色调能让消费者联想到节日、促销和网购节。在设计过程中，需要把握好红色的使用度，如果用色过度，容易造成视觉疲劳。在配色时，适当地加入黄色、橙色、白色和黑色等色彩点缀，能让页面视觉过渡更自然。图2-20所示为以红色为主色的配色方案。

图2-20

2. 橙色

橙色能给人带来舒适、明快的感觉，可以令人兴奋，富有活力，可以使消费者产生幸福的感觉。橙色属于红色和黄色的中间色调，其本身色调平衡性较好，不但能强化视觉感受，还能通过改变其色调而营造出不同的氛围。橙色既能表现出年轻和活力，也能传达出稳重感，因此它在店铺页面中的使用率也比较高。橙色在店铺页面设计中常常用于食品、儿童用品、家居等行业。图2-21所示为以橙色为主色的配色方案。

3. 黄色

黄色是阳光的色彩，能表现无拘无束的快活感和轻松感。黄色与其他颜色搭配时会显得比较活泼，具有快乐、希望和充满阳光般的个性。黄色是所有颜色中明亮度最高的颜色，在店铺页面设计中，常用于华丽、时尚的产品，如高级家电、首饰、儿童玩具等。在进行颜色搭配时，建议选用红色、黑色、白色来搭配黄色，这些色彩的对比度大，容易形成画面层次的对比，突出商品主体；而黄色与蓝色、绿色及紫色搭配时，能形成轻快的时尚感。以黄色为主色的配色方案如图2-22所示。

图2-21　　　　　　　　　　　　　　图2-22

4. 紫色

紫色所表达的是一种女性气质，有着优雅、高贵的质感，同时它也给人神秘、奢华、浪漫、梦幻的感觉。紫色属于冷色调，在使用紫色的同系色彩进行搭配时，能表现出宁静、优雅的感觉；如果加入少许的互补色，则能在宁静的氛围中表现出华丽与开放感。紫色与红色、黄色、橙色搭配时，能让页面的整体色调对比强烈，表达出非凡的时尚感，更容易让买家情绪激昂；与白色搭配时，能让页面看起来更加简洁、大气和优雅；而与黑色搭配时，能让情绪氛围显得更神秘。以紫色为主色的配色方案如图2-23所示。

5. 绿色

绿色会给人带来一种恬静、活力和充满希望的感觉，是最能表达自然力量的颜色，尤其在和黄色搭配时能呈现出很强的亲和力，能表达出大自然生机勃勃的感觉。在店铺页面设计中，绿色往往受到环保、健康、天然的产品青睐，如保健品、土特产、化妆品等。由于绿色也是属于冷色调，如果整个页面仅使用这一种色彩，画面会显得冷静单调，因此一般都会搭配红色或者黄色以增加温暖感。以绿色为主色的配色方案如图2-24所示。

图2-23   图2-24

6. 蓝色

蓝色作为最有代表性的冷色调，一直给人一种冷静、理性、可靠、成熟的感觉。在店铺页面色彩的应用中，蓝色常常和科技、智慧、清凉联系在一起，所以适用于数码产品、汽车用品、医疗用品、清洁用品等网店。蓝色在与红色、黄色、橙色等暖色系进行搭配时，页面的跳跃感会比较强，这种强烈的兴奋感容易感染买家的购买情绪；如果蓝色和白色搭配，则能使页面表现出清新、淡雅的感觉，并能强调品牌感。以蓝色为主色的配色方案如图2-25所示。

7. 无彩色系色彩

无彩色系搭配是指用白色、灰色和黑色来设计页面，无彩色系是经典的潮流色，永不过时。无彩色系色彩既能作为主色调来设计页面，也能作为其他色彩的辅助色搭配使用，是一种百搭的色彩。

如果在最初设计店铺时难以选择颜色，可以尝试使用无彩色系的色彩，它是新手的安全设计色系。无彩色系色彩也常常作为大牌服装或奢侈品牌的主打颜色。以无彩色系色彩为主色的配色方案如图2-26所示。

图2-25

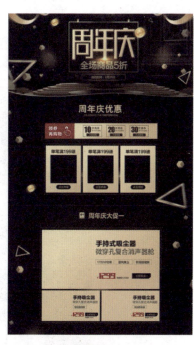

图2-26

>> 2.3.2　店铺的主色、辅助色、点缀色搭配

打开店铺的页面后，首先给买家带来视觉冲击的是店铺色彩。好的配色不但可以打动人心，而且可以大大提升成交率。在一定程度上，店铺使用一个固定的色彩搭配，更能使其变成店铺或者品牌的辨识色彩。下面进一步学习店铺色彩搭配的方法。正如在上节讲到的，颜色的搭配需要体现对比。一般来说，一个合格的设计需要有60%的主色，30%的辅助色，加上10%的点缀色，如图2-27所示。

图2-27

网店的色彩搭配就像歌舞剧的角色安排一样，都会有主角和配角。在色彩设计中，不同的色彩也有不同的职责分工。在色彩设计中，分主色、辅助色和点缀色。在舞台上，主

角站在聚光灯下，配角退后一步来衬托他。色彩设计的配色也是一样，主色要比辅助色更清楚、更强烈。在一个页面中，占用面积大、受瞩目的色彩一般就是主色。辅助色的功能在于帮助主色建立完整的形象，使主色更漂亮。判断辅助色用色是否合理就要看主色是否更加突出。辅助色可以是一种颜色，也可以是几种颜色。点缀色是指在色彩组合中占据面积较小、视觉效果比较醒目的颜色。主色和点缀色可形成对比，产生主次分明、富有变化的韵律美，如图2-28所示。

图2-28

2.4 图片素材规划与收集

》 2.4.1 图片色彩属性概述

图片的色彩能够直观地反映出不同的商品特征。图片的精修离不开图片色彩的调整。颜色模式是数字世界中表示颜色的一种算法，它是图片调色的基础，主流的颜色模式包括RGB 颜色模式、CMYK 颜色模式、Lab 颜色模式和灰度模式等。在对商品图片进行后期处理时，可以根据图片最终的用途在各种颜色模式之间进行适时的转换。下面简单介绍上述几种颜色模式。

1. RGB颜色模式

RGB 颜色模式通过对红（R）、绿（G）、蓝（B）三个颜色通道的变化及它们相互之间的叠加来得到各种各样的颜色。RGB 颜色模式是显示器所用的模式，也是美工设计中最常用的一种颜色模式。在Photoshop 中打开照片未进行编辑前，图像均显示为 RGB 颜色模式，在此模式下可以应用Photoshop中的几乎所有工具和命令来编辑图像。

2. CMYK颜色模式

CMYK 颜色模式是一种印刷模式，其中四个字母分别指青（Cyan）、洋红（Magenta）、黄（Yellow）、黑（Black）。在印刷中，它们分别代表四种颜色的油墨。在 RGB 颜色模式中是由光源发出的色光混合生成颜色，而在 CMYK 颜色模式中，颜色是由光线照到有不同比例 C、M、Y、K 油墨的纸上，部分光谱被吸收后，反射到人眼的光而产生的。如果需要把处理后的图片打印出来，通常要在打印之前把处理后的图片转换为 CMYK 颜色模式。

3. Lab颜色模式

Lab 颜色模式是由 R、G、B 三基色转换而来的，Lab 颜色模式是 RGB 模式转换为 HSB 模式和 CMYK 模式的一个桥梁。Lab 颜色模式由三个通道组成，其中第一个通道为明度通道，另外两个通道为色彩通道，分别用字母 a 和 b 来表示。 a 通道包括的颜色是由深绿色到灰色，再到亮粉色；b 通道的颜色是从亮蓝色到灰色，再到黄色。打开 Lab 颜色模式的图像，在"通道"面板中可看到该颜色模式下各通道的颜色组成。在 Lab 模式下定义的色彩最多，在处理图片时将图像转换为此模式后，通过调整可以让图片产生较明亮的色彩。

4. 灰度模式

灰度模式中只有黑、白、灰三种颜色而没有彩色，它是一种单一色调的图像，即黑白图像。在灰度模式下，亮度是唯一影响灰度图像的要素。灰度模式可以使用多达256 级灰度来表现图像，使图像的过渡更平滑细腻。灰度图像的每个像素有一个 0 ~ 255（0为黑色，255为白色）之间的亮度值。在商品图片处理过程中，将图像转换为灰度模式，可以表现出古色古香的怀旧韵味。

▶▶ 2.4.2　选择图片格式

在收集图片素材的时候，还要充分了解图片素材的格式，不同的图像格式会以不同的方式来表示图像信息。常见的图片格式有PSD、JPEG、GIF、PNG，其特点如下。

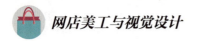

1. PSD格式

PSD 格式是 Photoshop 软件的专用图像格式，它具有极强的操作灵活性，用户可以很便捷地更改或重新处理 PSD 格式的文件。PSD 格式保留Photoshop 中所有的图层、通道、蒙版、未栅格化的文字及颜色模式等信息，因此以该格式存储的图像所占用的存储空间也会更大。

2. JPEG格式

JPEG 格式是数码相机用户最熟悉的存储格式，是一种可以提供优异图像质量的文件压缩格式。JPEG 格式可针对彩色或灰阶的图像进行大幅度的有损压缩。一般情况下，若不追求过于精细的图像品质，都可以选用 JPEG 格式存储图像。JPEG格式的图像多用于网络和光盘读物上。

3. GIF格式

GIF格式分为静态GIF和动画GIF两种，扩展名为".gif"，是一种压缩位图格式，支持透明背景图像，网店中很多小动画都是GIF格式。其实，GIF格式是将多幅图像保存为一个图像文件，从而形成动画，最常见的就是通过一帧帧的图片串联起来的动画形式。

4. PNG格式

PNG 格式是专门为图像的网络展示开发的文件格式，它能够提供比 GIF 格式小最多30%的无损压缩图像文件，并且提供24位和48位真彩色图像支持及其他诸多技术性支持。在完成商品图片的处理后，可以选择以PNG 格式存储图像，这样如果需要将图像上传至网络，不仅可提高上传速度，还便于在不同浏览器中快速阅览图像。

》 2.4.3 选择图片筛选规划技巧

一个店铺的产品页面给人的最佳视觉效果应该是布局整齐、商品陈列方式统一、用色柔和的，这样更能体现店铺品牌。产品的细节更能彰显品质，尽可能为所有的商品提供细节展示，这样能让买家更好地了解商品品质并提高购物体验。商品图片的优质与否与图片的清晰度密切相关，用"缩放工具"在图像上单击几次放大数倍后，会发现图片变成许多小方格，而这每个小方格就被称为像素。一张图片单位面积内所包含的像素越多，画面就越清晰，图像的色彩也就越真实。

在制作设计时还会遇到一个关于图像清晰程度的设置，即分辨率。分辨率是指图像在一个单位长度内所包含像素的个数，以每英寸包含的像素数（ppi）进行计算。分辨率越高，所输出的图像就越清晰；分辨率越低，所输出的图像就越模糊。分辨率较高的图像可以在后期处理时根据需要进行更自由的裁剪，而分辨率较小的图像经过裁剪很容易变得模糊。在网店美工设计中，素材的一般最小分辨率为72像素/英寸。

此外，选择图片时还要注意不同产品图片展示内容的不同，如表2-2所示。要针对展示内容选择适宜的产品图片。

表2-2　不同产品图片的展示内容

产品图片	产品展示内容
独特卖点图	用商品独家或独特的功能与卖点打动买家，体现出商品的价值感和品牌感
效果图	效果图比单纯的实物图更吸引人，它能带给买家犹如亲身体验的感觉，让买家产生共鸣和认同感
实力资质图	通过商品的检验报告、合格证书、资质证书、荣誉证书、工厂实景、生产仓储、实体店铺门面等图片来展示店铺的实力，进一步让买家产生信任感
商品对比图	通过与其他劣质商品的对比来体现自家商品的品质或独特功能
场景实用图	将商品使用效果或放在真实使用环境中的效果拍摄出来，让买家可以更深入地了解该商品的实用性
包装效果图	通过展示商品的吊牌标检和运输时的外包装来体现品牌感或运输安全性

习题训练

（1）请收集5组不同主色的店铺图片。

（2）请分析儿童用品店铺的用色规律。

第3章

网店商品图片美化

● 学习目标

能力目标

❶ 能利用Photoshop CS6图像处理软件进行基本的图片处理。

❷ 能利用Photoshop CS6图像处理软件进行图片的美化。

知识目标

❶ 掌握Photoshop CS6图像处理软件的基本操作。

❷ 掌握网店图片裁剪、污点处理、抠图及调色的基本操作。

3.1 Photoshop CS6图像处理软件

通过本章的学习，读者可以了解一些图像处理的基本知识，熟知Photoshop CS6的界面；能够对Photoshop CS6的窗口进行快捷的控制，进而简化操作步骤，加快图像处理的速度。

3.1.1 认识Photoshop CS6的界面

Photoshop CS6的界面采用的色调和风格类似于苹果摄影软件的界面，以取代之前的灰色风格，如图3-1所示。Photoshop CS6界面的几个主要版块见表3-1。

表 3-1　Photoshop CS6 界面的几个主要版块

版块	说明
菜单栏	在菜单栏中共有 11 个菜单，其中每个菜单中都有一组自己的命令
工具箱	工具箱中包含各种绘图工具，单击某一工具按钮就可以执行相应的功能
工具选项栏	在工具箱中选择了一个工具以后，就会在工具选项栏中显示出相应工具的各个设置选项，以供用户自行设置
图像窗口	显示图像的区域，用户可在图像窗口中编辑图像，对图像窗口可以进行放大、缩小和移动等操作
控制面板	右侧的小窗口称为面板，用于配合图像编辑和 Photoshop CS6 的功能设置
状态栏	窗口底部的横条被称为状态栏，它能够提供一些关于当前操作的信息

图3-1

启动Photoshop CS6后，在窗口中显示菜单、工具箱和控制面板，这时需要新建一个图像文件或者打开一个已有的图像文件，以进行图像的编辑。新建图像文件和打开已有图像文件的操作都可以通过"文件"菜单进行，如图3-2所示。

图3-2

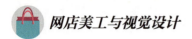

上述操作也可以通过快捷键进行，相关快捷键操作如下。

- 新建文件：使用"Ctrl+N"组合键。
- 打开一个文件：使用"Ctrl+O"组合键，或直接双击要打开的文件。
- 保存一个新的文件：使用"Ctrl+S"组合键。
- 另存一个图像文件：使用"Shift+Ctrl+S"组合键。

3.1.2 Photoshop CS6常用工具

1. 画笔工具（快捷键"B"）

画笔工具主要用于绘制图像，并可以支持手工直接绘制图像。可通过设置线条的不透明度，以半透明的线条绘图；也可以调整线条的不透明度，以改变线条颜色的深浅。要设置不透明度，用户可直接在"图层"面板的"不透明度"文本框中输入具体数值，也可单击右侧的小黑三角按钮，拖动滑块，改变画笔的不透明度数值。在使用画笔工具时，可直接按数字键改变画笔的不透明度。

2. 仿制图章工具和图案图章工具（快捷键"S"）

使用仿制图章工具时，先按住"Alt"键吸取颜色，再到想要改变颜色的区域将颜色覆盖上去。此工具可设置不透明度、流量等选项，用法和画笔工具相似。当有多个图层时，若选中"用于所有图层"选项，则吸取颜色时是以多个图层叠加后的最终效果进行取色；若不选中这个选项，则是在显示的最上面的图层上进行取色。

图案图章工具的用法和仿制图章工具相似，区别在于图案图章工具是以图案的特殊效果（类似于模糊效果）为填充色来覆盖图层的。

3. 橡皮擦工具（快捷键"E"）

橡皮擦工具主要用来擦除不要的像素，如果在背景图层被锁定时对背景图层进行擦除，则背景色是什么颜色，擦出来的就是什么颜色；如果在背景图层未被锁定时对背景图层进行擦除，则所擦之处背景会变为透明；如果对背景层以上的图层进行擦除，则会将当前图层的颜色擦除，显示出下一图层的颜色。

4. 渐变工具（快捷键"G"）

所谓渐变就是在图像的某一区域填入多种过渡颜色的混合色。Photoshop CS6提供了五种渐变工具——线性渐变、径向渐变、角度渐变、对称渐变、菱形渐变。

5. 模糊/锐化/涂抹工具（快捷键"R"）

模糊工具主要用于对图像进行局部模糊，按住鼠标左键不断拖动鼠标即可，一般用于不同颜色之间比较生硬的地方加以柔和处理，也用于处理不同颜色之间过渡比较生硬的地方，有时也会用在人物皮肤的处理操作中。

锐化工具与模糊工具相反，它用于对图像进行清晰化。但是如果操作过度，图像中每一种组成颜色都显示出来，就会出现花花绿绿的颜色。注意使用了模糊工具后，再使用锐化工具，图像是不能复原的，因为模糊后颜色的组成已经改变。

涂抹工具可以将颜色抹开，其效果好像是一幅图像的颜料未干而用手去抹使颜色走位一样。涂抹工具一般用在不同颜色之间边界生硬或衔接不好的地方，将过渡颜色柔和化，有时也会用于修复图像。

6. 加深/减淡/海绵工具（快捷键"O"）

加深工具用于在图像原有的颜色基础上加深颜色，使图像产生变暗的效果。

减淡工具用于在图像原有的颜色基础上减淡颜色，使图像产生变浅的效果。

海绵工具有两个选项：降低饱和度和饱和。降低饱和度是在图像原有颜色的基础上，使图像原有的颜色产生灰度化的效果。饱和是在其原有颜色的基础上增加颜色，使图像看起来更加鲜艳，提高图像饱和度。

7. 钢笔工具（快捷键"P"）

钢笔工具亦被称为勾边工具，主要用于勾画路径。使用钢笔工具时要注意落笔必须在像素锯齿下方，即先在像素锯齿下方单击定点，再移动光标到另一落点处单击。如果要勾画出一条弧线，则落点时就要按住鼠标左键不放并拖动鼠标。每定一点都会出现一个节点以便修改，而用鼠标拖出一条弧线后，节点两边都会出现一个控制柄，可按住"Ctrl"键对各控制柄进行弧度调整，按住"Alt"键则可以消除节点后面的控制柄，以免其影响后面的勾边工作。

选中 自由钢笔工具后，在图像中按住鼠标左键不放并拖动可以在鼠标轨迹下勾画出一条路径。

增加锚点工具可以在一条已勾完的路径中增加一个节点以方便修改，用鼠标在路径的节点与节点之间对着路径单击即可。

减少锚点工具可以在一条已勾完的路径中减少一个节点，用鼠标在路径上的某个节点上单击即可。

8. 形状工具（快捷键"U"）

形状工具分为矩形工具、圆角矩形工具、椭圆形工具、多边形工具、直线工具及自定义形状工具，其中，单击自定义形状工具右边的黑色箭头，在弹出的下拉列表中有"不受限制"选项，可以任意地勾画形状。

9. T 文字工具（快捷键"T"）

用横排文字工具输入的文字呈横向排列，用直排文字工具输入的文字呈竖向排列，用横排文字蒙板工具输入的文字作为选区呈横向排列，用直排文字蒙板工具输入的文字作为

选区呈竖向排列。单击工具选项栏中的"创建文字变形"按钮，可创建变形文本，使输入的文本产生各种变形。单击"切换字符和段落面板"按钮，可以在"字符"和"段落"面板中对输入的文字段落进行调整，如调整字间距、行距等。

10. 抓手工具（快捷键"H"）

当图像不能全部显示在画面中时，可通过抓手工具移动图像，但移动的实际是视图而不是图像，它并不改变图像在画布中的位置。双击抓手工具可以将图像全部显示在画面中。在使用其他工具时，按住空格键可临时切换为抓手工具。按 "Ctrl+O"组合键可将视图转为满画布显示。

11. 放大镜工具（快捷键 "Z"）

放大镜工具可以放大和缩小图像的显示，双击放大镜工具可将图像按100%的比例显示。

12. 辅助工具

在Photoshop中作图应该养成良好的习惯，使用辅助工具既可以优化作图环境又可以节省作图时间，这里主要介绍标尺和参考线，至于计数工具等辅助工具，有兴趣的读者可自行学习。

标尺的主要作用就是度量当前图像的尺寸，同时对图像进行辅助定位，使图像的编辑更加准确。操作时执行菜单中的"视图"→"标尺"命令，或者使用 "Ctrl+R"组合键，即可在当前图像中显示标尺。如果要将文件中的标尺隐藏，可再次执行菜单中的"视图"→"标尺"命令，或者再次按"Ctrl+R"组合键。

可以修改标尺的原点以度量文件的尺寸，可以使用鼠标左键拖动标尺的原点，拖至需要度量的位置即可，如图3-3和图3-4所示。

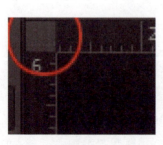

图3-3

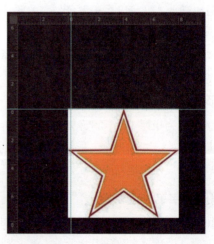

图3-4

3.1.3 图层的基本操作

Step 01 选择图层。选择单个图层时，可在界面右下侧的"图层"面板中单击需要操作的图层，当图层显示为蓝色时，表示该图层是当前编辑图层，如图3-5所示。

图3-5

Step 02 修改图层名称。在图层的名称上双击，即可直接修改图层的名称，如图3-6所示。

图3-6

Step 03 新建图层。单击"图层"面板上的"创建新图层"按钮，如图3-7所示，可以在当前图层的上方添加一个新图层，新添加的图层为普通层。

图3-7

Step 04 调整图层堆叠位置。在"图层"面板中，在要移动的图层上按住鼠标左键不放，当鼠标指针显示为小手形状的时候，将其拖至目的位置释放鼠标左键即可，如图3-8所示。

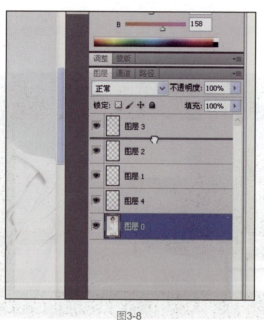

图3-8

Step 05 复制图层。按住鼠标左键不放，将要复制的图层拖动至"创建新图层"按钮上，然后释放鼠标左键，选择"复制图层"选项，如图3-9所示，即可在被复制的图层上方复制一个新图层。

图3-9

Step 06 删除图层。选择要删除的图层后，单击"图层"面板下方的"删除图层"按钮，在弹出的提示对话框中单击"确定"按钮，即可将该图层删除，如图3-10所示。

图3-10

Step 07 合并图层。合并图层的菜单命令包括"合并图层"和"合并可见图层"。在"图层"菜单中选择相应的命令，即可在不同情况下合并图层，如图3-11所示。

图3-11

3.2 图片裁剪

》 3.2.1 固定尺寸裁剪

Step 01 打开Photoshop CS6软件，执行"文件"→"打开"菜单命令，打开需要进行修改的素材图片，打开后界面如图3-12所示。

图3-12

Step 02 选择工具箱中的裁剪工具，如图3-13所示。

图3-13

Step 03 自定义裁剪大小。选择裁剪工具后在需要裁剪的位置按住鼠标左键并拖动即可选中区域，如图3-14所示。

图3-14

Step 04 裁剪工具选项的使用——裁剪区域、裁剪参考线叠加。选择裁剪区域之后，可

以选择删除或隐藏未选择部分，另外，可以使用一些参考线来辅助裁剪。参考线的设置如图3-15所示。

图3-15

》 3.2.2 调整图片大小

Step 01 执行"图像"→"画布大小"菜单命令，在"画布大小"对话框中可以调整画布大小以改变图像编辑区的大小，如图3-16所示。

Step 02 执行"图像"→"图像大小"菜单命令，在"图像大小"对话框中可以调整图像的宽度、高度和分辨率，如图3-17所示。

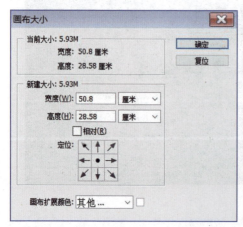

图3-16

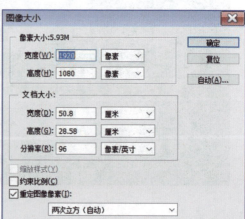

图3-17

3.3 图片污点处理

3.3.1 使用污点修复画笔工具美化图片

在用污点修复画笔工具修图时，只需在想要去除的瑕疵上单击或拖动鼠标，即可消除污点，效果如图3-18和图3-19所示。

图3-18 　　　　　　　　　　　　　　　　　　　图3-19

3.3.2 使用仿制图章工具美化图片

使用仿制图章工具可以修复破损图像，对人物皮肤做磨皮处理（见图3-20），去除水印等。该工具可以将图像的一部分复制到当前图层的另一个位置或复制到其他图层中。也就是先将图像从一个图层上提取出来，再将其扣在另一个图层上，其实就是图层的局部复制。它可以复制当前图层的图像，可以复制另外一个图层的图像，也可以将另一个文件中某个图层的图像复制到当前图层。在复制的时候，可以设置它的不透明度、流量及混合模式等。操作前，要先按住"Alt"键，在图像中需要复制的区域单击，定义一个复制的起点。

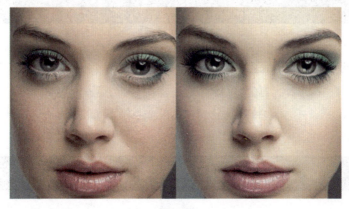

图3-20

3.4 抠图技巧

在实际设计过程中，经常要对图片进行抠图处理。关于抠图有如下几个技巧。

▶▶ 3.4.1　使用魔棒工具抠图

使用魔棒工具可以选取颜色相近的区域。选择魔棒工具后，在图像中单击鼠标左键，与单击处颜色相同或相近的像素都会被选中。魔棒工具是根据容差值大小来创建选区的，如图3-21所示，选择效果如图3-22所示。

图3-21

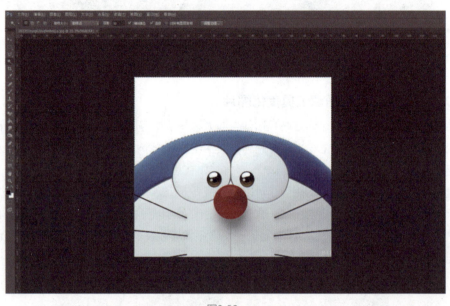

图3-22

▶▶ 3.4.2　使用快速选择工具抠图

在使用快速选择工具时要先在图像某处单击，然后按住鼠标左键不放并拖向其他要选择的区域，则工具经过的区域都会被选择。与魔棒工具不同的是，快速选择工具根据画笔大小来创建选区，如图3-23和图3-24所示。

图3-23

图3-24

3.4.3 使用磁性套索工具抠图

Step 01 打开Photoshop CS6软件，导入将要处理的图片，如图3-25所示。

图3-25

Step 02 在Photoshop CS6页面空白处双击，选择需要处理的照片，然后单击工具箱中套索工具图标右下角的下拉按钮，在弹出的下拉列表中选择"磁性套索工具"，如图3-26所示。

图3-26

Step 03 按住鼠标左键，从图像某一点处开始，用磁性套索工具沿着图形边缘描画。因为该工具有自动吸附的功能，所以无须按鼠标左键，只要直接移动鼠标，在光标处会出现自动跟踪的线。这条线总是自动靠近不同颜色之间的边界处，边界越明显，"磁力"越强，将这条线首尾连接后可完成选择。磁性套索工具一般用于颜色之间差别比较大的图像选择，描画效果如图3-27所示。

图3-27

Step 04 当用磁性套索工具绘制的线的起点与终点相连接时，图形即被选中，变为选区，如图3-28所示。

图3-28

使用 "Ctrl+J" 组合键，即可复制选区内的内容为新的图层，如图3-29所示。

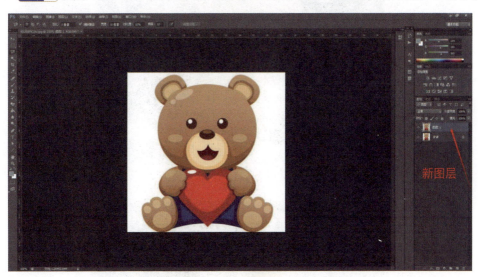

图3-29

3.4.4 使用钢笔工具抠图

首先导入图片，单击工具箱中的"钢笔工具"图标，如图3-30所示。

用钢笔工具在图片的边缘任意一点单击，如图3-31所示。

第二点选择在转折的曲线上，如图3-32所示。这里要注意在单击第二个点的时候不能一按下就松手，而是要按住鼠标不放并拖动一点，否则就会造成两点之间是一条直线了。

图3-30

图3-31

图3-32

Step 04 第三个点同样选择在转折的地方，同样是拖动鼠标，这时候会发现无论怎么转动这个点，曲线都没有重合，如图3-33所示。

图3-33

Step 05 按住"Ctrl"键不放并单击合适的小圆点，对上一步产生的小圆点进行调整。调整的时候可以通过拉伸和收缩线的长度，使得曲线与图片重合，如图3-34所示。

图3-34

Step 06 重复前面的操作，注意单击之后会产生两种点，一种是方形的，另一种是圆形的，按住"Ctrl"键并拖动鼠标可以对圆形点进行控制，按住"Alt"键并拖动鼠标可以对方形点进行控制。

Step 07 闭合曲线之后的效果如图3-35所示。

图3-35

Step 08 使用 "Ctrl+J"组合键，复制选区内的内容，如图3-36所示。

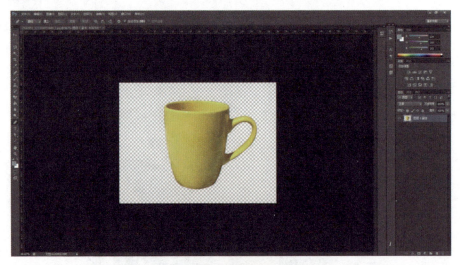

图3-36

3.5 调色处理

3.5.1 使用"色阶"命令调整图片

观察图3-37，可以看到图片的反差比较弱，而且天空的层次感也不明显，色彩也偏灰。

图3-37

Step 01 打开Photoshop CS6软件，执行"图像"→"调整"→"色阶"菜单命令，如图3-38所示。

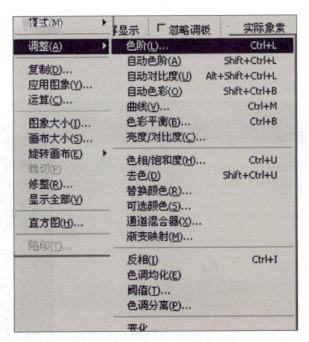

图3-38

Step 02 弹出"色阶"对话框，如图3-39所示，可以看出输入色阶峰状图的右侧部分有大量空白，说明图片中缺少白场（白场指在图片有细节而不是一片全白时图片中的最亮点），可向左拖动右侧的输入色阶滑块。

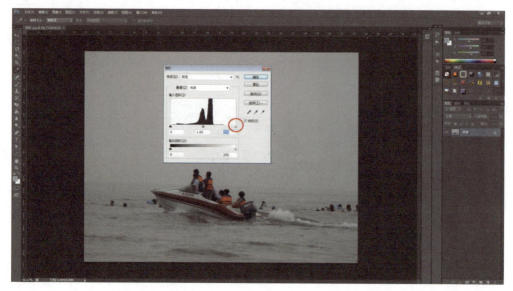

图3-39

Step **03** 确定了图片的白场后，接下来确定黑场（黑场指图片有细节而不是一片全黑时图片中的最暗点），通过拖动左侧的输入色阶滑块来确定黑场（相当于调整对比度），如图3-40所示。

图3-40

Step **04** 调整好黑场和白场以后，接下来调整灰场（灰场可以使图片更有层次感），按照自己的感觉来调整，如图3-41所示。

图3-41

Step 05 最终完成效果如图3-42所示。

图3-42

3.5.2 使用"曲线"命令调整图片

Step 01 一般直接用"曲线"命令整体调整图像。"曲线"命令对应的快捷键是"Ctrl+M"（或者单击菜单栏中的"图像"→"调整"→"曲线"命令），弹出"曲线"对话框，选择RGB通道，对整体进行调亮，如图3-43所示。

图3-43

Step 02 图像经过整体调亮之后效果还不是很好，可通过每个通道的颜色再去调整。先选择R通道，由于图片比较红，因此把R通道曲线往右边拉一些，如图3-44所示。

图3-44

Step 03 还有一种比较节省时间的操作方法，即用吸管取色。在"曲线"对话框中曲线的正下方可以看到有三个小吸管，第一个吸管是吸取黑色，第二个是吸取灰色，第三个是吸取白色，如图3-45所示。

图3-45

Step 04 单击第二个吸管（在图像中取样以设置灰场），然后在图像中的灰色位置单击，再在需要将颜色调得灰一些的位置单击，可使其颜色变灰一些。用这种取样的方式调整图像会更快捷，再用各个颜色通道做微调整即可，如图3-46所示。

图3-46

3.5.3 调整图片的亮度与对比度

Step 01 打开PhotoShop CS6软件，按"Ctrl+O"组合键打开一张图片，发现图片背景图层已经被锁定了，如图3-47所示。

图3-47

Step 02 在菜单栏中执行"图像"→"调整"→"亮度/对比度"命令，弹出"亮度/对比度"对话框，如图3-48所示。亮度是指图片的明亮程度，对比度是指颜色之间的对比程度，对比度越大，颜色之间的对比越明显，特别是黑与白之间的对比会越明显。调节图像的亮度用于将图片整体效果调亮，调节图片的对比度用于将图片按照色彩层次感进行逐步调整。

图3-48

Step 03 把图片的亮度值调大，图片的整体效果会渐渐变亮，如图3-49所示。

Step 04 "亮度/对比度"命令可以增加图像的清晰度。调整亮度和对比度，如图3-50所示。

图3-49

图3-50

3.5.4 调整图片的色相与饱和度

Step 01 在Photoshop CS6中打开素材图片，如图3-51所示。

Step 02 在选中图片图层的前提下，执行菜单栏中的"图像"→"调整"→"色相/饱和度"命令（快捷键是"Ctrl+U"），如图3-52所示。

Step 03 在弹出的"色相/饱和度"对话框中，主要有"色相""饱和度""明度"这三个值。通过改变这三个参数的值，就可以实现整张图片色彩的切换，如图3-53所示。

Step 04 在"色相/饱和度"对话框中，如果拖动全图的色相滑块改变色相值，整张图的色彩都会发生变化。如果要改变局部的颜色，可以在"预设"下方的下拉列表框中选择某种颜色，如图3-54所示。

图3-51

图3-52

图3-53

图3-54

Step 05 例如，想改变图中草的颜色，先选择"黄色"，然后调整"色相" "饱和度"及"明度"滑块，如图3-55所示。

图3-55

》》 3.5.5 使用"色彩平衡"命令调整图片

Step 01 打开Photoshop CS6，在菜单栏中执行"文件"→"打开"命令，选择图片，如图3-56所示。

Step 02 弹出"色彩平衡"对话框，如图3-57所示。

Step 03 调整各种色调的色阶范围，如"中间调"和"高光"，如图3-58所示。

Step 04 调整后的效果如图3-59所示。

图3-56

图3-57

图3-58

图3-59

习题训练

一、单选题

（1）在Photoshop CS6中的空白区域双击可以实现（　　　）。

　　A. 新建一个空白文档　　　　　　B. 新建一幅图片

　　C. 打开一幅图片　　　　　　　　D. 只能打开一个扩展名为.psd的文件

（2）下列工具中可以选择连续的相似颜色区域的是（　　　）。

　　A. 矩形选框工具　　　　　　　　B. 椭圆选框工具

　　C. 魔棒工具　　　　　　　　　　D. 磁性套索工具

（3）在"色彩范围"对话框中，为了调整颜色的范围，应当调整（　　　）。

　　A. 反相　　　B. 消除锯齿　　　C. 颜色容差　　　D. 羽化

（4）HSB中的H是指（　　　）。

　　A. 色相　　　B. 明度　　　C. 亮度　　　　　D. 纯度

（5）当图像偏蓝时，应当使用变化功能给图像增加（　　　）。

　　A. 蓝色　　　B. 绿色　　　C. 黄色　　　　　D. 洋红色

（6）下列格式中不支持无损失压缩的是（　　　）。

　　A. PNG　　　B. JPEG　　　C. PSD　　　　　D. GIF

（7）下列格式中支持图层的是（　　　）。

　　A. PSD　　　B. JPG　　　C. BMP　　　　　D. DCS 2.0

（8）如果使用矩形选框工具画出一个以鼠标单击处为中心的矩形选区，应按住（　　　）键。

　　A. Shift　　　B. Ctrl　　　C. Alt　　　　　D. Shift+Ctrl

（9）临时切换到抓手工具的快捷键是（　　　）。

　　A. Alt　　　B. 空格　　　C. Shift　　　　D. Ctrl

（10）新建图层并载入的选区应按（　　　）快捷键。

　　A. Ctrl+Alt+D　　　　　　　　B. Ctrl+J

　　C. Ctrl+D　　　　　　　　　　D. Shift+D

二、操作题

（1）利用所学的抠图方法任选5张图片进行抠图处理。

（2）利用所学的图片美化的方法对图片进行美化处理。

第4章

店铺Logo与店招视觉设计

· 学习目标

能力目标

❶ 能设计制作出符合店铺风格的店铺Logo。

❷ 能根据需要设计制作出店铺导航栏。

❸ 能独立设计制作出与店铺风格相适应的店招。

知识目标

❶ 熟悉并掌握店铺Logo的含义、常见类型、设计策略及设计步骤。

❷ 了解导航栏的参数设置及设计步骤。

❸ 掌握店招的设计要点及具体设计步骤。

4.1 店铺Logo视觉设计

》》 4.1.1 什么是店铺Logo

Logo是徽标或者商标的英文缩写，是人们在长期的生活和实践中经过提炼、抽象与加工形成的一种视觉化的信息表达方式，是具有一定含义并能够使人理解的视觉图形，有简洁、明确、一目了然的视觉传递效果。它是一门实用性很强的专门学科，涉及心理学、美学、色彩学等多个领域。在竞争越来越激烈的全球市场上，严格管理和正确使用统一标准的徽标，将为公司提供一个更有效、更清晰和更亲切的市场形象。

Logo能起到对Logo拥有公司的识别和推广的作用，形象的徽标可以让消费者记住公司主体和品牌文化。例如，LV、DIOR原本只是没有任何意义的字母组合，但它们的Logo带来的冲击感就能够明白Logo的力量有多么强大，如图4-1和图4-2所示。

图4-1   图4-2

简单来说，店铺Logo就是网络店铺的标志，其承载着网店的无形资产，是网店综合信息传递的媒介，是网店形象传递过程中应用最广泛、出现频率最高，同时也是最关键的元素。

现在很多网店都非常重视自己的Logo设计，因为在固定位置上重复出现的Logo往往会让消费者很快就能识别出自己的网店。同时，网店的定位、经营模式、产品类别和服务特点都涵盖在Logo中，通过反复不断的记忆刻画，会深深地留在消费者记忆中，也会给消费者留下网店正规、成熟的好印象。正因为店铺Logo 对于一个店铺来说，就像人名对于一个人一样重要，所以应该高度重视店铺Logo的设计。

现代Logo的概念更加完善、成熟，标志的推广与应用已建立了完善的系统。随着数字时代的到来与网络文化的迅速发展，传统的信息传播方式、阅读方式受到了前所未有的挑战。效率、时间的概念标准也被重新界定，在这种情况下，Logo的风格也向个性化、多元化发展。对于网店美工人员来说，要通过一个简洁的标志符号表达比以前多几十倍的信息量，经典型Logo与具有前卫、探索倾向的设计并存，设计的宽容度扩大了。现代Logo大致有以下几个发展趋势。

1. 个性化

各种标志都在广阔的市场空间中抢占自己的视觉市场，吸引消费者。因此，要想在众多的Logo中脱颖而出，易辨、易记、有个性成为Logo设计新的要求。个性化包括消费市场需求的个性化和来自设计者的个性化。不同的消费者审美取向不同，不同的商品给人感觉不同，不同的设计师创意不同、表现方法不同。因此，在多元的平台上，无论对消费市场还是对设计者来讲，个性化成为不可逆转的一大趋势。

2. 人性化

随着社会的发展和审美的多元化，以及对人本性的关注，人性化成为设计中的重要因素。正如美国著名的工业设计家、设计史学家、设计教育家普罗斯所言："人们总以为设

计有三维，即美学、技术、经济，然而，更重要的是第四维，即人性!" Logo设计也是如此，应根据消费者的心理需求和视觉喜好在造型和色彩等方面趋向人性化，更有针对性。

3. 信息化

信息化时代来临，Logo与以往不同，除表明品牌或企业属性外，Logo还要求有更丰富的视觉效果、更生动的造型、更适合消费心理的形象和色彩元素等。同时，通过整合企业多方面的综合信息进行自我独特设计语言的翻译和创造，使Logo不仅能够形象贴切地表达企业理念和企业精神，还能够配合市场对消费者进行视觉刺激和吸引，协助宣传和销售。Logo成为信息发出者和信息接收者之间的视觉联系纽带和桥梁，因此，信息含量的分析准确，成为Logo取胜的途径。

4. 多元化

意识形态的多元化，使Logo的艺术表现方式日趋多元化：有二维平面形式，也有半立体的浮雕凹凸形式；有立体标志，也有动态的霓虹标志；有写实标志，也有写意标志；有严谨的标志，也有概念性标志。

▶▶ 4.1.2 店铺Logo的常用位置

一般而言，店铺Logo常见的位置主要有两种：一种是出现在店铺的左上角，这也是最常用的位置；另外一种常用位置则是在店铺的正中，如图4-3和图4-4所示。

图4-3

图4-4

4.1.3 店铺Logo的主要类型

从常见的表现形态来看，店铺Logo主要有以下几种类型。

1. 中文文字型

中文文字型Logo主要由文字单独构成，适用于多种传播方式，最大的优点就是一目了然、简洁明了，辨识度高，消费者的接受度也高，如图4-5所示。

图4-5

2. 英文文字型

英文字母的运用会给人一种洋气、酷炫的感觉，很受年轻人的喜爱，也能给人留下深刻的印象。但其内容不容易被马上识别、理解，因此，英文文字型Logo更类似于一个符号，如图4-6所示。

Time & Lover

图4-6

如果选择此种类型的Logo，特别要注意Logo的设计要和店铺所出售的商品的整体风格相适应。而且不建议使用字母特别多的单词，最好以简洁明了和具备视觉冲击力为主要设计依据。

3. 中英文组合型

中英文组合型Logo让人感觉清楚明了、有"国际范儿"、很大气，比较强调设计感，包括字体、颜色搭配、形状设计等，给消费者造成的视觉冲击力很强烈，因此，形式也多种多样，如图4-7所示。

图4-7

4. 图形型

图形型Logo一般直接用图形，而不出现任何字符类元素。因此，图形型Logo留给人的印象也不是很深刻，如果不配合店名来看的话，让消费者有一种不明所以的感觉，不能百分之百确定店铺主要售卖何种商品。所以，除非辨识度非常高，否则一般在实际应用中不推荐使用此类单纯的图形型Logo。图4-8所示的卡通图像为一家经营玩具的店铺选用的Logo。

图4-8

5. 图文结合型

图文结合型Logo是图形与文字相结合的表现形式。图文结合应该是最能让人记住的一种组合方式，既有图形化的视觉冲击力，又能通过文字部分清楚地表达店铺信息，所以也是应用最广泛的一种Logo类型，如图4-9所示。

图4-9

▶▶ 4.1.4　店铺Logo的设计策略

在设计店铺Logo之前，要制定相应的策略，主要分以下6步。

1. 明确网店经营策略

首先明确网店的经营策略，是侧重品牌还是侧重销售，或是侧重资讯。选好网店经营策略是设计店铺Logo的第一步，也是至关重要的一步。

2. 明确品类策略定位

此步骤主要是根据所售商品的品类和店铺自身的特点来确定店铺的定位。

3. 明确风格定位

此步骤主要根据经营产品的品牌或者产品的特点，以及经营理念和风格确定店铺的风格。

4. 明确元素

此步骤主要确定Logo以哪种形式展现，如中文、英文、图形、吉祥物、广告语、图形等。

5. 明确字体

此步骤主要是设计Logo用到的字体。

6. 明确色调

此步骤主要确定店铺Logo的饱和度、明度和色相等。

4.1.5 店铺Logo的设计制作

下面通过一个实际案例来介绍店铺Logo的设计流程。在设计Logo前，首先要和网店掌柜进行沟通。对于网店美工人员来说，沟通是极为重要的，因为这样可以大大提高工作效率。本案例的店铺名称是"淘乐宝"，主营类目是玩具，网店掌柜希望Logo能体现出玩具店铺可爱的风格。具体制作过程如下。

Step 01 经过构思，想到用卡通形象的图形来表现店铺Logo，因此第一步就是去素材库找到比较适合的一些卡通形象作为素材，如图4-10所示。

图4-10

Step 02 打开Photoshop CS6软件，在菜单栏中执行"文件"→"新建"命令，在弹出的"新建"对话框中设置宽度为300像素、高度为200像素、颜色模式为"RGB颜色"的空白画布，如图4-11所示。

Step 03 执行"文件"→"打开"命令，打开素材图片"小马"，单击工具箱中的"吸管工具"图标，如图4-12所示，利用吸管工具在素材图"小马"的背景的任意地方单击，那么背景的颜色就被"吸管"选中了，此时工具箱的"前景色"就变为了素材图的背景色。然后按"Alt+Delete"组合键将颜色填充至新建的空白画布上。填充颜色后的效果图如图4-13所示。

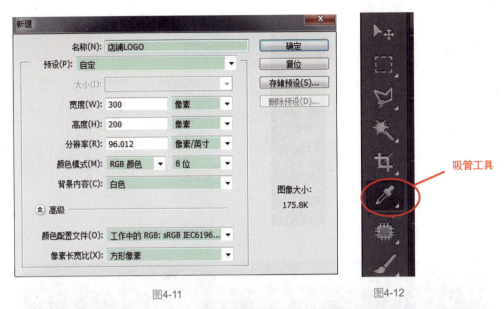

图4-11   图4-12

吸管工具

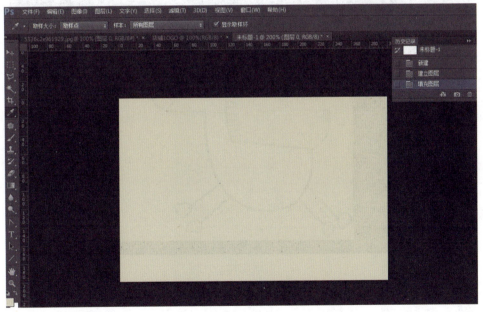

图4-13

Step 04 在编辑区单击，切换至 "小马"素材图片，单击工具箱中的"魔棒工具"图标，如图4-14所示，在背景上依次单击，直到把除了小马之外的全部背景色都选中，这时单击鼠标右键，在弹出的快捷菜单中选择"选择反向"命令后，小马部分会被选中。此时，按"Ctrl+C"组合键复制选区，再按 "Ctrl+V"组合键将小马粘贴至新建的画布当中，效果如图4-15所示。

魔棒工具

图4-14

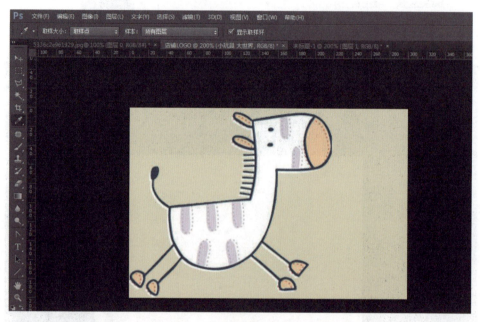

图4-15

Step 05 单击工具箱中的"文字工具"图标，创建一个新的文本图层，输入文本"淘乐宝"，字体设置为"文鼎习字体"，如图4-16所示。选中"淘乐宝"图层，单击工具栏中的"移动工具"图标，将此图层放在画布的左上角的位置。

图4-16

Step 06 单击"淘乐宝"图层，按"Ctrl+T"组合键，利用自由变换工具将鼠标移出框外，此时鼠标变为双箭头，然后适当旋转该图层，到合适的角度双击。再单击该图层，单击"图层"面板下方的"添加图层样式"按钮，给店铺名称加上文字的描边效果，参数设置如图4-17所示，效果图如图4-18所示。

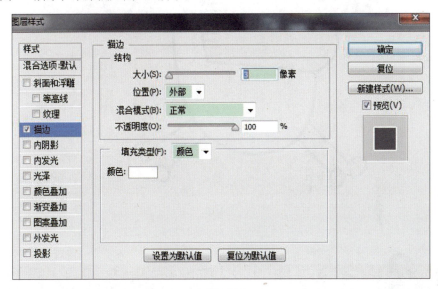

图4-17

图4-18

Step 07 用文字工具再添加两个文字图层"小玩具""大世界"，并利用移动工具调整文字的大小和位置，最终效果如图4-19所示。

图4-19

4.2 店铺导航栏视觉设计

▶▶ 4.2.1 认识导航栏

　　导航栏也叫导航条，店铺中的导航栏类似于实体店的环境导视，能迅速指引买家找到其想要购买的商品。这在很大程度上提高了买家的购买体验以及购物的便利性。导航栏作为店铺首页的一部分，也属于店铺形象的一个重要因素，与店铺形象相符的导航栏设计才能更好地树立与宣传店铺形象。图4-20所示就是网店中最常见的导航栏的设计效果。可以看到，导航条无论是在分类设置上还是在色调搭配上都需要跟网店的整体风格和谐统一，而且布局合理，才能很好地起到指引购买的作用。

图4-20

　　淘宝店铺导航栏的设计对于尺寸也有着一定的规范。一般来说，宽度为950像素，高度在30～50像素之间，如图4-21所示。

| 所有分类 | > | ⌂ 首页 | 服饰年中热卖 | 阔脚裤 | 微喇裤 | 直筒裤 | 小脚裤 |

图4-21

从图4-21可以看出，在导航栏设计中能够利用的空间是非常有限的，除了文字内容的不同之外，几乎很难再进行更深层次的设计制作。但是，随着网店的导航栏对店铺流量的影响逐渐增大，更多的商家开始对网店首页的导航栏高度重视并用心设计。图4-22所示的此店铺主要以销售各种盆栽绿植为主，店铺主色调为植物的绿色，而导航栏也摒弃了传统的放在店招最下方的布局方式，而是选择了放在店招中部位置。同时，导航栏的文字色彩借鉴了店铺的主色调，也选用了绿色，与店铺形象相呼应。另外，每一组文字标签部分都搭配了与之相适应的植物造型，营造出绿色有氧的氛围，契合了店铺"简单如水，静赏芳华"的经营理念。

图4-22

可见，导航栏是店铺风格的主要组成部分，一个好的导航栏设计不但要体现店铺风格，更重要的是内容层次要清晰，划分要合理，让买家能够得到明确的购物指引，方便快捷地查看店铺的各类商品及信息，从而产生好的购物体验而提高商品的成交率。因此，导航栏的设计也是很重要的一环。

▶▶ 4.2.2　店铺导航栏设计展示

在设计制作导航栏的时候，应当从店铺整体的装修风格出发来设计导航栏的色彩和文字部分。鉴于导航栏一般都出现在店招的最下方，因此，只要导航栏在设计和配色上能够与整个店铺首页和谐统一，就能够达到让人满意的效果。

下面以一个可爱风格的案例来介绍导航栏的具体设计。

Step 01　打开Photoshop CS6软件，在菜单栏中执行"文件"→"新建"命令，在弹出的"新建"对话框中设置宽度为950像素、高度为50像素、颜色模式为"RGB颜色"、名称为"导航栏"的空白画布，如图4-23所示。

Step 02　单击工具箱中的"前景色"图标，打开"拾色器（前景色）"对话框，在对话框最下方的"#"文本框中输入"ccffff"为新建的空白画布填充背景色，如图4-24和图4-25所示。

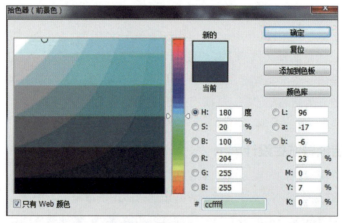

图4-23

图4-24

图4-25

Step 03 创建新图层，单击工具箱中的"矩形选框工具"图标，按住鼠标左键不放拖出一个比画布稍小的矩形，单击"前景色"图标，在弹出的"拾色器（前景色）"对话框的"#"文本框中输入"99ccff"，为其填充一个其他颜色，如图4-26和图4-27所示。

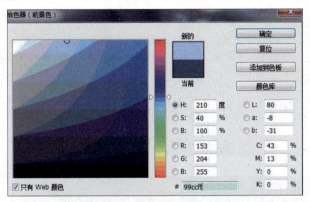

图4-26

图4-27

Step 04 单击工具箱中的"画笔工具"按钮，在工具选项栏中设置画笔大小为9像素，硬度为100%的硬边圆，间距设置为25%，颜色为白色，如图4-28所示。

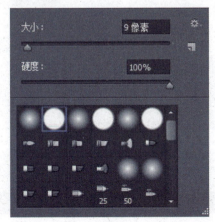

图4-28

Step 05 在画布的左上角选取一个点，按住"Shift"键不放，直接在画布右上角位置单击，这样就会出现一行有着相同间距的白色小圆点。重复此操作四次，使得小白圆点充满整个画布，效果如图4-29所示。

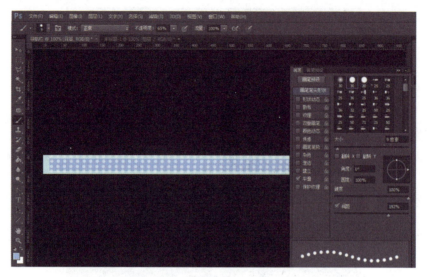

图4-29

Step 06 下面就需要在导航栏上制作文字部分了。单击"文字工具"图标，输入文本"所有商品"。然后单击选中"所有商品"文本图层，按"Ctrl+J"组合键复制6次。单击"移动工具"图标，利用移动工具将7个文本图层调整至间距一致，再依次修改文本内容为"店铺首页""秋冬新品""促销热卖""会员专享""售后服务""收藏店铺"。最后按住"Ctrl"键将7个文本图层全部选中，单击"图层"面板下方的"添加图层样式"按钮给文本图层添加文字的投影效果，最终效果如图4-30所示。

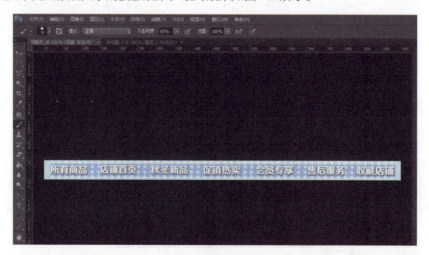

图4-30

4.3 店招视觉设计

》》 4.3.1 店招的视觉设计要点

　　店招，顾名思义，就是店铺的招牌，作用好比实体店的招牌，其最大的作用就是为了让买家看到并且记住它，从而达到宣传和推广的目的。店招一般位于店铺首页的最顶端，是店铺的展示窗口，也是买家对店铺生成第一印象的主要来源。如果店招设计得让人印象深刻，那么买家在下次光顾店铺的时候就可以根据记忆或者店铺收藏快速地搜索到店铺，并在店铺中进行购买。因此，鲜明并且有特色的店招对于网络店铺来说发挥着不可替代的作用，如图4-31、图4-32和图4-33所示。

图4-31

图4-32

图4-33

　　在众多的店铺中，不同的店铺类型应该具有不同的店招风格。这与所售卖商品的类别息息相关。例如，可爱型的店招主要针对母婴用品、童装店、玩具店、宠物店以及适合年轻女孩佩戴的饰品店等。在设计的时候就要注意使用轻快明亮的颜色和偏向简单的线条，如图4-34和图4-35所示。

图4-34

图4-35

柔美浪漫型的店招主要针对的是女性用户，如护肤品、女装店、女鞋店等。在设计的时候要注意尽量使用粉色、玫红、淡绿、浅蓝等颜色，字体多用圆润纤细的字体，如图4-36和图4-37所示。

图4-36

图4-37

而对于针对男性用户的店招则要体现男性的阳刚之气，如男装店、电器店等。在设计店招的时候应该注意尽量选择刚硬的字体类型，颜色也多以黑白灰为主，如图4-38和图4-39所示。

图4-38

英爵伦
Enjeolon

图4-39

4.3.2 店招的设计展示

店招设计一般包含店铺名称、店铺Logo、店铺广告语、店铺收藏、店铺促销、宝贝打折等相关设计。其中，店铺名称和店铺Logo是不可或缺的。一般来说，各个店铺都会对店铺名称和店铺Logo进行重点的设计展示，更直观地将店铺信息呈现给买家，树立店铺形象。

在设计店招时，首先要注意店招与整个店铺风格和颜色的搭配，其次要明确消费群体，再次根据消费群体的心理来设计店招。这样能做到游刃有余、事倍功半。简洁大方的店招是店铺装修的关键。店招是买家进入店铺后看到的第一个模块，也是打造店铺品牌、让买家瞬间记住店铺的最好阵地，因此一定要对店标设计重视起来。

店招一般有两种尺寸：一种是常规店招，其尺寸为950像素×120像素；另一种是通栏店招，其尺寸为950像素×150像素。常规店招和通栏店招的区别在于：常规店招在上传到淘宝店铺首页后，店招两侧显示空白；通栏店招在上传到淘宝店铺首页后，会根据设计的结果显示店招。店招的格式一般有三类，分别是JPG、PNG和GIF，其中，GIF格式是动态店招。

下面来看一个饰品类店铺的店招制作过程。由于是饰品类店铺，因此把主色调定为与商品风格比较搭配的紫色，然后进行设计制作。

Step01 启动Photoshop CS6软件，新建一个空白画布，宽度设置为950像素，高度为150像素，如图4-40所示。

图4-40

Step02 在菜单栏中执行"视图"→"标尺"命令，在编辑区就会出现标尺，按"Ctrl + R"组合键，利用标尺工具向下拉出一条辅助线，放在导航栏高度的位置，划分导航栏部分，如图4-41所示。

Step03 单击工具箱中的"矩形选框工具"按钮，框选店招区域，单击"前景色"图标并设置好颜色，按"Alt+Delete"组合键为店招区域填充颜色。重复此操作，框选导航栏区域并为导航栏区域填充颜色，如图4-42和图4-43所示。

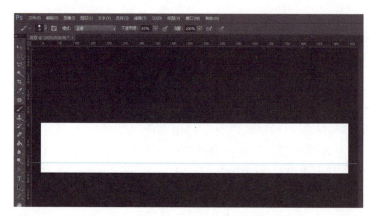

图4-41

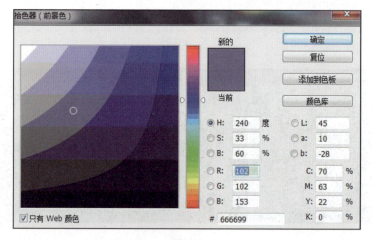

图4-42

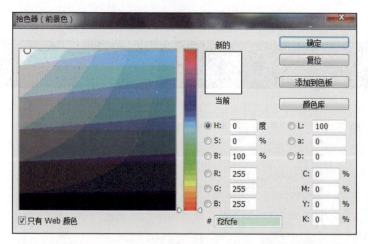

图4-43

Step 04 按"Ctrl＋R"组合键，再次利用标尺工具拉出辅助线，划分导航文字部分。单击工具箱"矩形工具"中的"直线工具"按钮，沿最左边的辅助线与导航栏区域重合的部分，按住"Shift"键的同时，向下拉出一条竖线，然后单击鼠标右键，在弹出的快捷菜单中选择"栅格化"命令。单击"形状1"图层，按"Ctrl＋J"组合键进行图层的复制，依次复制出5个副本，单击"移动工具"图标，移动其余5条辅助线到合适的位置，如图4-44所示。

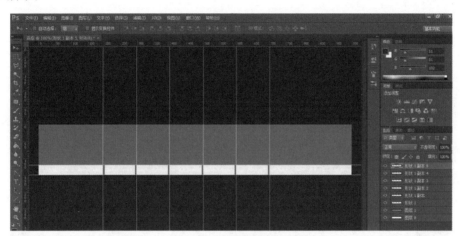

图4-44

Step 05 单击"文字工具"图标，分别在用直线划分的每一个区域里输入相对应的文案"所有分类""首页""耳钉""戒指""手链""项链"，如图4-45所示。

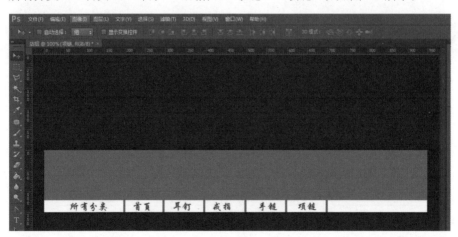

图4-45

Step 06 单击"文字工具"图标，添加"藕"文字图层，将"藕"字置于店招的左侧。再次单击"文字工具"图标，添加"轻文艺 慢生活""只为拥有那属于你的素雅"文字图层，并将文字置于店招的中间。单击"直线工具"图标，按住"Shift"键在两个文字图层之间拉出一条直线。

Step 07 单击"矩形选框工具"图标，在店招的右侧拖出一个矩形框，并填充为白色。单击工具箱，选择"矩形工具"中的"自定形状工具"图标，选择一个心形图案，添加到矩形框中，并且填充和店招背景一样的颜色。

Step 08 单击"文字工具"图标，在心形图案的右边添加文字图层"收藏有礼"，再根据店铺风格修改导航栏的字体类型，最终效果如图4-46所示，一个简约大方的店招就做好了。

图4-46

习题训练

（1）请设计并制作出一个食品店的店铺Logo。

（2）请设计并创作一个小清新风格的女装店的店招。

第5章

店铺首页视觉设计

学习目标

能力目标
❶ 能独立设计制作出符合店铺风格的店铺首页。
❷ 能根据需要对店铺首页进行装修。

知识目标
❶ 熟悉并掌握店铺首页各个模块的设计要点及主要内容。
❷ 了解店铺首页的页面结构及常见布局。
❸ 掌握店铺首页的设计制作流程。

5.1　店铺首页布局

5.1.1　店铺首页制作规范

　　店铺首页作为买家进入店铺的第一个页面，其装修的好坏决定了它是否能在第一时间抓住买家的眼球，让买家停留并浏览首页内容，也进一步影响到店铺的品牌宣传以及买家的购物体验，并最终影响店铺的流量和转化率。因此，好的网店装修是决定店铺整体形象的关键。店铺首页的视觉设计是引导买家购买、提高转化率的重要手段。

　　不同电商平台的店铺，首页的尺寸也不尽相同，以淘宝店铺的首页制作为例，其宽度一般为950像素，高度不限，如图5-1和图5-2所示。

　　首页通常包含店标、店招、导航栏、海报、宝贝陈列区、收藏区以及客服区等模块。店标、店招和导航栏的设计在第4章已经讲过，这里就不再赘述。海报的设计在店铺中是必不可少的，而且海报的设计往往和活动主题紧密联系在一起，以使买家在进入店铺的第一时间就被吸引从而停留在页面，如图5-3和图5-4所示。

图5-1

图5-2

图5-3

图5-4

宝贝陈列区主要展示重点推荐产品及其核心卖点、诱人的价格和折扣等，如图5-5所示。

图5-5

收藏区是为了方便买家再次购物时能够直接从收藏的店铺中找到本店而设置的，收藏区通常出现在店招上，在店铺页面的其他位置也可以看到，如图5-6和图5-7所示。

图5-6

图5-7

客服区主要是为了塑造店铺形象、提高回头率、提高成交率等而设置的。客服区就如同实体店铺中的售货员一样，其存在的目的是为买家答疑解惑。因此，客服区是买家咨询商品信息的通道，商家通过客服区与买家在网上交流，了解买家所需的信息，买家通过客服区了解店铺内的商品，如图5-8和图5-9所示。

图5-8

图5-9

>> 5.1.2　店铺首页的布局

店铺首页装修的最终目的是要在有限的页面中用最简单的表现手法实现最好的宣传效

果，获得买家的信任，从而达到提升转化率的目的，因此，符合买家需求的页面布局才有价值。所以，在安排店铺首页布局时并不是要将所有的模块一味地堆积上去，而是通过各模块之间合理的组合排列布局店铺首页。合理的布局不但可以增加店铺黏性，提升新老顾客的忠诚度，还可以达到更好的视觉效果和用户体验效果。

1. 店铺定位

首先，店铺要有一个风格定位，通过风格的定位来突出主题。只有经过精心设计和布局的店铺首页才能给买家留下深刻的购物体验。

2. 用户的浏览模式

美国长期研究网站可用性的著名网站设计师杰柯柏·尼尔森（Jakob Nielsen）发表了一项《眼球轨迹的研究》报告。报告中提出，大多数情况下，浏览者不由自主地以"F"字形状的模式阅读网页。这种基本恒定的阅读习惯决定了网页的关注热度呈现F形。即浏览者打开网页后，一般按照F形模式浏览网页：第一步，水平移动，浏览者首先在网页最上部形成一个水平浏览轨迹；第二步，目光下移，浏览者会将目光向下移，扫描比上一步短的区域；第三步，垂直浏览，浏览者完成前两步后，会将目光沿网页左侧垂直扫描，这一步的浏览速度较慢，也有系统性、条理性。根据F型网页浏览模式，如图5-10所示，可以大概了解买家的浏览轨迹，也就是说，店铺首页最上面的那部分是买家浏览的重点，这是毫无疑问的。因此，对于这个重点区域，店铺要精打细算，合理利用。

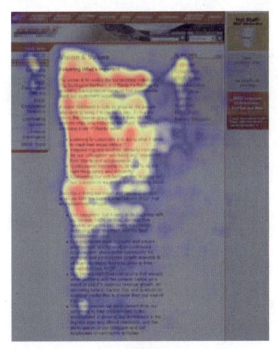

图5-10

3. 了解客户的需求及行为

客户的需求可能是店铺优惠、店铺折扣、产品上新等。老客户更多地关注店铺的优惠、促销活动以及新产品等信息，而新客户则主要关注店铺的装修风格、整体店铺形象以及店铺推荐的新款、爆款等信息。所以，要结合客户的需求来整体布局店铺首页。

店铺的活动及优惠信息如海报、活动图，要放在非常重要的位置。

推荐款和爆款不宜太多，可以用关键字突出，或者利用导航栏进行引流。

收藏区、关注区和客服区的互动模块必不可少，这是增加店铺黏性、提高二次购买率的销售利器。

总之，模块布局要错落有致，图文结合，避免视觉疲劳的情况发生；同时，模块结构和产品系列都要清晰明了，如图5-11和图5-12所示。

图5-11

图5-12

5.2　首页海报的视觉设计

不管是线下的传统营销模式还是线上的网络销售模式，都需要有漂亮又能吸引眼球的海报来招揽顾客。在网络店铺的运营中，经常会利用店铺首页的海报来吸引消费者，即便没有促销活动或者节日活动，也会制作精美的海报图片来吸引消费者的眼球。

▶▶ 5.2.1　首页海报的设计要点

首页海报一般位于导航栏的下方，占有较大的面积，其常见形式为多张海报进行循环播放，因此也叫轮播海报。可以说，它是买家进入店铺首页后最先看到的区域，好的轮播图不仅让人有震撼的感觉，还能使顾客第一时间了解店铺的活动和店铺的促销信息。

1．主题

海报的制作需要一个主题，无论是新品上市、清仓甩卖还是节日促销，主题选定后才能围绕这个方向确定海报的文案和信息等。海报的主题是产品加描述的直接体现，表现形式就是图文结合。

2．构图

海报的构图主要讲究的就是和谐并且突出主题。一般有以下几种构图。

（1）左右构图：这是比较典型的构图方式，一般分为左图右文或者左文右图两种模式。这种构图比较沉稳，且画面不失平衡感，如图5-13和图5-14所示。

（2）左中右构图：在这种构图方式中，海报两侧为图片，中间为文字。与左右构图相比，此种构图方式更具层次感，如图5-15和图5-16所示。

图5-13

图5-14

图5-15

图5-16

3. 配色

海报的配色十分关键，因为画面的色调会营造一种氛围。在配色中，以对比度高的颜色强调重要的文字信息，以对比度的颜色来传递画面信息，以配色方案来确定画面风格以展现产品特点，如图5-17和图5-18所示。

图5-17

图5-18

图5-17和图5-18所示的配色方案在使人感觉画面干净、清新的同时又不失活泼，给人平添一种信任感，很适合儿童服装和玩具店铺。

4. 轮播海报的设计流程

（1）目标人群分析、产品分析和广告目标分析

目标人群分析：要分析广告投放区域的主要访问人群，进而分析他们的审美观及消费心理。例如，不同年龄层次及不同消费能力的人，喜好的色彩风格或者能引发其注意的点是截然不同的，所以一定要设计出能吸引他们的海报。

产品分析：即分析产品的卖点和价值点，以及产品图片应该以什么样的角度或者风格去呈现。例如，分析产品的哪个款式最具代表性或者哪种颜色是主色才最能抓住买家的眼球，并将体现产品价值，能引起消费者关注的点用图片表现出来。

广告目标分析：在设计一个海报图时，要确定广告的目标，明确是促销广告、活动广告还是品牌形象类的广告。促销广告的目标是以降价为手段来刺激买家；活动广告是以预告活动给买家带来诱惑，从而让买家收藏或者关注店铺；而品牌形象广告则是以加深品牌印象和好感为主要目的的。设计轮播海报要做到有的放矢。

（2）沟通策划

主题内容：在海报当中展现的内容如模特、折扣信息、产品图片、文案、Logo等，应当经过梳理后用最简练的方式进行表达。

文案内容：海报当中的文案内容不宜过多，应该尽量做到言简意赅，以引起买家的兴趣。

素材准备：设计轮播海报就如同盖房子一样需要各种材料，如背景素材、标签、字体等，可以提前通过网络搜集好，也可以借鉴其他网站的广告设计作为参考。充足并且优质的素材可以起到事半功倍的效果。

≫ 5.2.2　首页海报的设计制作

为了能够掌握并熟悉首页海报的常用尺寸、特点及展现手法，独立设计出符合要求的首页海报。现以一专营童装的店铺为例，要求根据所提供的素材制作一个海报图，如图5-19所示。

图5-19

Step **01** 新建一个宽为950像素、高为550像素的空白画布，将其命名为 "首页海报"（文件名称可以随意指定，不过建议命名时选取简单易记、好识别的名称），如图5-20所示。

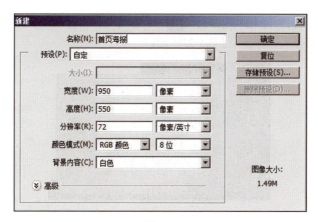

图5-20

Step 02 单击工具箱中的"钢笔工具"图标，如图5-21所示，利用钢笔工具勾勒出一个比较有立体感的背景。

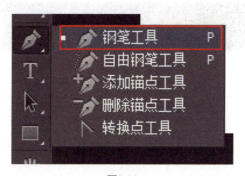

图5-21

Step 03 在新建的空白画布上，用钢笔工具随意单击选出不同的锚点，使得这些锚点形成一个闭合路径，如图5-22所示。

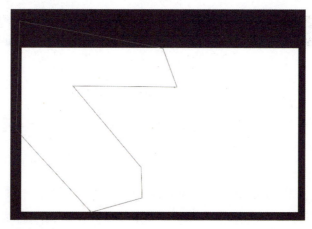

图5-22

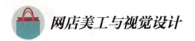

Step 04 切换钢笔工具为转换点工具 ，并在刚才单击过的任一锚点上单击，这时会发现所有的锚点又会重新显示，如图5-23所示。

图5-23

Step 05 在按住"Alt"键的同时，用鼠标左键依次调整每一个锚点并拖出圆滑的曲线，如图5-24所示。

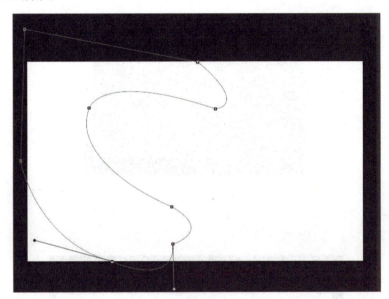

图5-24

Step 06 单击鼠标右键，在弹出的快捷菜单中选择"建立选区"命令，并调整羽化半径为1像素，单击"确定"按钮，如图5-25所示。

Step 07 这时就形成了一个闭合的会移动的虚线框，通过拾色器为选区选择蓝色，如图5-26所示，按住"Alt+Delete"组合键为其填充颜色。

Step 08 填充颜色后的效果如图5-27所示。

Step 09 重复上述Step02～08，在画布的右侧再勾勒出一个不规则图形，并通过拾色器为其选择红色，并按住"Alt+Delete"组合键为其填充颜色，如图5-28和图5-29所示。

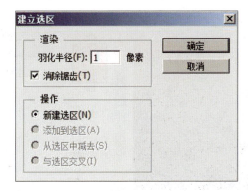

图5-25

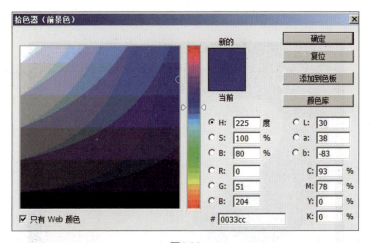

图5-26

图5-27

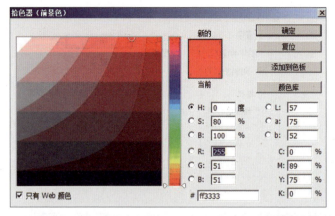

图5-28

图5-29

Step 10 单击图层0，通过拾色器为其选择青色，并按住"Alt+Delete"组合键为其填充颜色，如图5-30、图5-31和图5-32所示。

图5-30

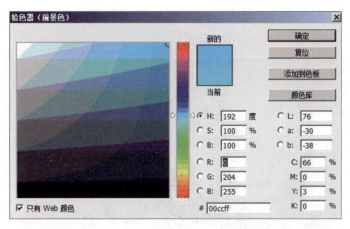

图5-31

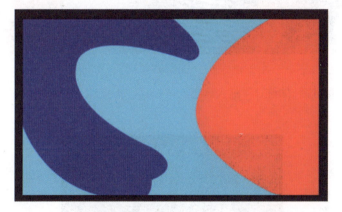

图5-32

Step 11 将素材图"儿童模特"拖入画布，并保证"儿童模特"图层在所有图层的最上方，如图5-33所示。

图5-33

Step 12 选中"儿童模特"图层，按住"Ctrl+T"组合键，利用自由变换工具调整"儿童模特"图层到合适的大小，如图5-34所示。

图5-34

Step 13 将素材图"折扣1"拖入画布，并保证"折扣1"图层在所有图层的最上方，如图5-35所示。

图5-35

Step 14 选中"折扣1"图层，按住"Ctrl+T"组合键，利用自由变换工具调整"折扣1"图层到合适的大小和位置，如图5-36所示。

Step 15 单击选中"折扣1"图层，单击"图层"面板下方的 按钮，如图5-37所示，为"折扣1"图层添加描边效果，其中，大小设为2像素，位置设为外部，颜色设为黑色，如图5-38和图5-39所示。

图5-36

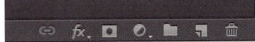

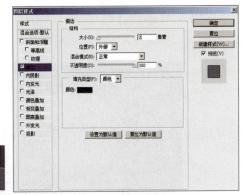

图5-37

图5-38

图5-39

Step 16 将素材图"折扣2"拖入画布，选中"折扣2"图层，按住"Ctrl+T"组合键，利用自由变换工具调整"折扣2"图层到合适的大小和位置，如图5-40所示。

图5-40

Step 17 重复Step15，也为"折扣2"图层添加一个一模一样的描边效果，如图5-41所示。

图5-41

Step 18 创建新图层，单击"文字工具"图标 T ，输入文案"最后疯抢"，并用上述方法将"最后疯抢"图层添加一个描边效果，大小设为1像素，位置设为外部，颜色设为黑色，如图5-42所示。

Step 19 在工具箱中单击"矩形选框工具"图标 ▣ ，用鼠标拖动选出一个小矩形，将其填充为黄色，并添加描边效果，再按住"Ctrl+T"组合键，利用自由变换工具调整图形，如图5-43所示。

Step 20 单击刚才添加的小矩形图层并按住"Ctrl+J"组合键，复制出6个相同的图层副本，然后利用移动工具和自由变换工具，将小矩形图层副本填充不同的颜色，并摆放在不同的位置，为整个海报的背景增添一些活泼的效果，海报的最终效果如图5-44所示。

图5-42

图5-43

图5-44

5.3 宝贝陈列区的视觉设计

5.3.1 宝贝陈列区的设计要点

宝贝陈列区可以帮助买家快速地了解店铺宝贝，也会影响买家的购买决策，因此，宝贝陈列区是首页中非常重要的一个模块。在设计宝贝陈列区的时候，要注意以下要点。

1. 商品类别要明确

在对商品进行陈列展示时，最好进行分类展示，这样可以使商品显得更加丰富、整洁、美观且容易刺激买家的购物欲望，如图5-45和图5-46所示。

图5-45

图5-46

2. 要突出商品的价格和购买按钮

在对商品进行陈列展示时，价格和购买按钮最好能够突出显示，通常可以采用放大、加粗或者使用对比色等方法，如图5-47和图5-48所示。

3. 要让产品主次分明

在对商品进行陈列展示时，对需要主推的产品、爆款产品、引流款产品要进行突出显示，做到主次分明，如图5-49和图5-50所示。

图5-47

图5-48

图5-49

图5-50

▶▶ 5.3.2 宝贝陈列区的设计制作

以一家童装店为例，宝贝陈列区分为爆款推荐专区、T恤专区和裤子专区三个模块，下面来看具体制作过程。

Step 01 打开Photoshop CS6软件，新建一个宽度为950像素、高度为327像素的空白画布，如图5-51所示。

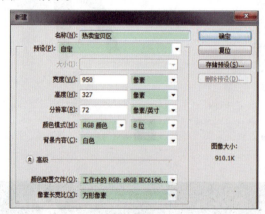

图5-51

Step 02 打开拾色器，设置前景色为浅黄色，具体参数如图5-52所示。

图5-52

Step 03 按"Alt+Delete"组合键为背景填充浅黄色，如图5-53所示。

图5-53

Step 04 在菜单栏中执行"视图"→"标尺"命令，在编辑区的上方和左侧就会出现带有单位的标尺，按住鼠标左键不放，从上方标尺处向下拉就会出现一条水平方向的辅助线，或者按住鼠标左键不放，从左侧标尺处向右拉也会出现一条垂直方向的辅助线。利用标尺工具上的刻度可以将背景平均划分为几个区域，如图5-54所示。

图5-54

Step 05 利用矩形选框工具将背景按照划分好的区域创建选区，并分别填充颜色，如图5-55所示。

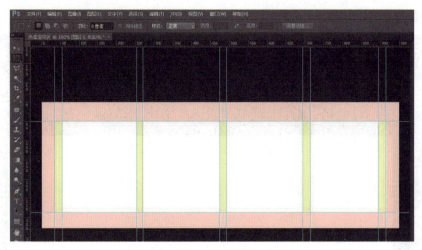

图5-55

Step 06 利用自定形状工具为背景绘制一些图形，如图5-56所示。

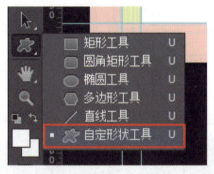

图5-56

Step 07 在自定形状工具选项栏中的"形状"下拉列表框选择"全部"，加载全部自定义形状，如图5-57所示。

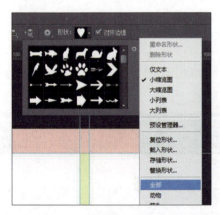

图5-57

Step **08** 在全部自定义形状中选择"云朵"和"皇冠"图形，绘制在背景上，并填充为白色，如图5-58所示。

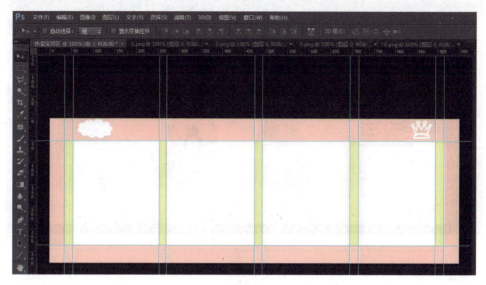

图5-58

Step **09** 将商品图片打开，并拖入白色区域，按住"Ctrl+T"组合键并利用自由变换工具调整图片大小。应该注意的是，在调整图片大小的时候，应该按住"Shift"键不放，把鼠标指针放在四个顶角锚点中的任一个上，待鼠标指针变成双箭头时上下拖动即可。这样做可以保证商品图片是按照等比例放大或者缩小的，如图5-59所示。

图5-59

Step **10** 依次将四个爆款商品图片拖入白色区域中并调整图片大小到合适位置，如图5-60所示。

图5-60

Step11 用文字工具创建文本图层，在每个图片下方的合适位置依次添加原价、现价、"立即购买"等文字，标注出商品价格等信息，如图5-61所示。

图5-61

Step12 用文字工具创建文本图层，在最上面添加文本"爆款推荐"，最终效果如图5-62所示。

Step13 在"爆款推荐"专区制作好的基础上，依照上述步骤选中相应图层，只需更换相对应图层的颜色和文本，并修改价格，即可制作出"T恤专区"，如图5-63所示。

图5-62

图5-63

Step 14 重复上述操作即可制作出"裤子专区",如图5-64所示。

图5-64

Step **15** 最后将制作好的三个专区排列在一起，最终效果如图5-65所示。一个分类别排放的宝贝陈列区就制作完成了。

图5-65

5.4 收藏区及客服区的视觉设计

➤➤ 5.4.1 收藏区的设计制作

店铺收藏用于潜在买家将感兴趣的店铺直接添加收藏，以便再次寻找的时候可以快速地找到。收藏区的设计相对灵活，可以直接出现在网店装修的店招位置，也可以出现在导航栏的位置，或者单独显示在首页的某个区域，如图5-66和图5-67所示。

图5-66

图5-67

收藏区的常用尺寸一般是宽度为190像素，高度则没有严格限制，但建议不要设计得太高，否则会影响美观。

收藏区的设计通常是由简单的文字和图形组成，一般情况下都设计得比较简洁，但有些店铺为了吸引眼球，也会将一些宝贝图片、素材图片等元素添加到其中，达到推销和提高收藏率的目的。下面就来讲解如何设计制作简单的收藏区。

Step 01 打开Photoshop CS6软件，新建一个尺寸为190像素×200像素、分辨率为150像素/英寸的空白画布，如图5-68所示。

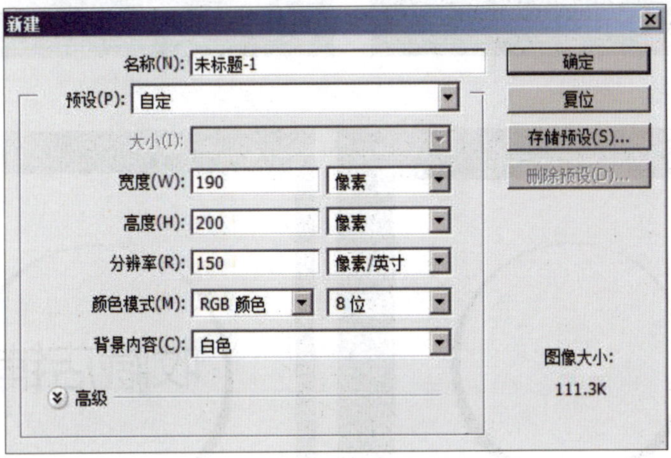

图5-68

Step 02 在工具箱中单击"设置前景色"图标 ，设置前景色为黑色。在工具箱中单击"椭圆工具"图标，按住"Shift"键不放的同时，拖出一个正圆，按"Alt+Delete"组合键为圆形填充黑色，如图5-69所示。

Step 03 单击选中"图层1"，按"Ctrl+J"组合键复制得"图层1副本"，然后设置前景色为白色，按"Alt+Delete"组合键为圆形填充白色，如图5-70所示。

Step 04 单击选中"图层1副本"，按住"Ctrl+T"组合键，利用自由变换工具将"图层1副本"图层中的圆调整至比"图层1"图层中的黑色圆小一点，这样做会呈现出一种立体效果，如图5-71所示。

Step 05 单击工具箱中的"文字工具"图标，创建文本图层并在圆内添加文字 "收藏店铺"，如图5-72所示。

图5-69

图5-70

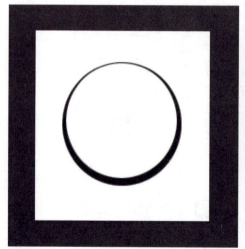

图5-71

图5-72

Step 06 单击工具箱中的"直线工具"图标，在 "收藏店铺" 文字上下各添加一条直线，如图5-73和图5-74所示。

Step 07 在工具箱中单击"设置前景色"图标，将前景色设置为（R：255，G：102，B：204），如图5-75所示，然后继续单击"直线工具"图标，在工具选项栏中设置各项参数，其中描边为无，粗细为2像素，绘制线条，如图5-76所示。

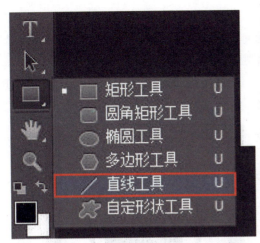

图 5-73

图 5-74

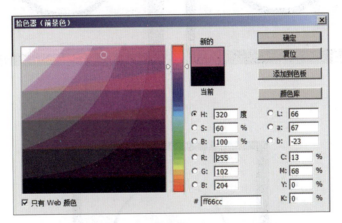

图5-75

图5-76

Step 08 完成上述操作后，选中所有线条图层，按 "Ctrl+J"组合键复制线条图层四次，分别单击复制出的四个副本图层，利用移动工具依次将这些线条排列开来，再重复上述操作，直到线条均匀地充满整个画布，如图5-77所示。

Step 09 单击"矩形选框工具"图标，按住鼠标左键不放，在"收藏店铺"文字的下方，拖出一个矩形框并且按"Alt+Delete"组合键为其填充黑色，如图5-78所示。

图5-77

图5-78

Step 10 创建文本图层，在矩形框中添加文本 "领10元优惠券"，最终效果如图5-79所示。

图5-79

5.4.2 客服区的设计制作

1. 客服区的作用

网店客服是网店的一种服务形式，类似于实体店的售货员，唯一不同的是，网店客服主要是利用网络和聊天软件为买家提供商品售前和售后咨询等服务。因此，客服是买家咨询商品信息的最直观也是最直接的一个通道；同时，卖家也可以通过和买家交流，了解买家所需的信息，进而完善店铺内的商品信息设置。由此可见，店铺首页中客服区的功能也是不容忽视的。

概括来说，客服区的主要作用体现在塑造店铺形象、提高回购率及提高成交率三个方面。

（1）塑造店铺形象

对于网店而言，买家只能通过图片和文字介绍来认识和了解商品，因此，买家在购物时都会相对谨慎，偶尔也会对商品持怀疑态度，而这时如果客服很及时地给买家送去一个微笑或者一个亲切的问候，这些都能让买家有一个很好的购物体验，逐渐地消除戒备心理，从而对店铺留下深刻印象。

（2）提高回购率

在客服的优秀服务下顺利完成第一次交易后，买家就会形成好的购物体验；当需要再次购买商品时，买家就会倾向于选择熟悉的店铺进行购买，从而提高店铺回购率。

（3）提高成交率

很多买家都会在购买前针对一些不太清楚的地方咨询客服，或者询问关于优惠的事项，这时，如果客服能及时回复并给予最大程度的优惠，一般都会促成交易。

2. 客服区的设计规范

在设计客服区时，要注意平台对聊天软件的图标尺寸是有具体要求的。以淘宝平台为例，旺旺图标的宽度为16像素，高度为16像素。如果是添加了"和我联系"字样的旺旺图标，图标的宽度为77像素，高度为19像素。因此，在制作过程中应该以平台要求的规范尺寸来进行设计制作。

3. 客服区的设计制作

Step 01 打开Photoshop CS6软件，新建一个尺寸为1280像素×780像素，分辨率为150像素/英寸的空白画布，如图5-80所示。

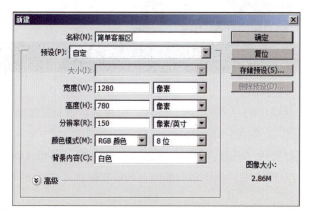

图5-80

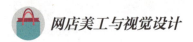

Step 02 打开素材文件"客服"，用移动工具将素材图片拖入新建的"简单客服区"文件中，如图5-81所示。

图5-81

Step 03 单击工具箱的"矩形选框工具"图标，按住鼠标左键不放并在图片下方拖出一个矩形框，设置前景色为黑色，按"Alt+Delete"组合键为矩形框填充黑色，如图5-82所示。

图5-82

Step 04 单击工具箱中的"文字工具"图标，创建文本图层并分别添加文字"售前客服：" "售后客服："，如图5-83所示。

Step 05 打开素材文件"旺旺头像"，单击工具箱中的"移动工具"图标，移动素材图片，按住"Ctrl+T"组合键，利用自由变换工具将素材图片变换至合适大小，然后用文字工具，在图标的右边添加文字"北北"，如图5-84所示。

图5-83

图5-84

Step 06 按住"Ctrl"键不放，单击"旺旺头像"图层和"北北"文本图层，将两个图层同时选中，然后按"Ctrl+J"组合键复制出三个一模一样的图层副本出来，再用移动工具将其按顺序依次摆好，并将文字依次修改为 "东东" "南南" "西西"，如图5-85和图5-86所示。

图5-85

图5-86

Step 07 重复Step06复制图层，将售后客服下面的图标和文字也依次创建并排列开来，如图5-87所示。

图5-87

Step 08 打开素材文件"二维码"，用移动工具将二维码图片拖曳至新建画布的右上角，如图5-88所示。

图5-88

Step 09 单击工具箱中"文字工具"图标，创建文本图层并在黑色矩形框里添加文本。单击"椭圆工具"图标，按住"Shift"键不放并拖出一个正圆，然后按"Alt+Delete"组合键为其填充白色。再单击"文字工具"图标，在填充了白色的圆形上面添加文本"正"，字体颜色设置为黑色。最后，再次单击"文字工具"图标，添加一个文本图层，增加文字"官方正品"，字体设置为微软雅黑，颜色设置为白色，如图5-89所示。

Step 10 按住"Ctrl"键，分别单击选中"正""官方正品""圆形"三个图层，同时选中这三个图层，然后按"Ctrl+J"组合键复制出两个一样的图层副本，并且修改副本图层的文本为"质量保证""优质服务"，将圆形中的文本也依次修改为"保""优"，最终效果如图5-90所示，一个简单的客服区就做好了。

图5-89

图5-90

习题训练

（1）现有一个经营女性护肤品的网络店铺，请为其量身打造一个首页海报。

（2）现有一个经营女鞋的店铺，请按照平底鞋、高跟鞋和运动鞋三个类别为其设计制作宝贝陈列区。

（3）现有一个经营儿童玩具的店铺，请为其设计制作适合其特点的收藏区及客服区。

第6章

推广图片视觉设计

学习目标

能力目标

❶ 能独立设计制作钻石展位图。

❷ 能根据需要设计制作直通车图及聚划算主图。

知识目标

❶ 熟悉并掌握直通车图的设计要点。

❷ 熟悉并掌握聚划算主图的设计要点。

❸ 掌握钻石展位图的设计制作流程。

6.1 直通车图的视觉设计

图片是电商营销的基础与灵魂，尤其是推广图片，其设计的重要性更是不言而喻。可以说，优质的推广图片是吸引流量、促进点击、提高转化率的必需品，也是视觉设计的关键点。本章将以直通车图、聚划算主图、钻石展位图为例来介绍如何设计出有吸引力和高点击率的推广图片。首先是直通车图的设计。

淘宝直通车是为淘宝卖家量身定制的按点击付费的效果营销工具，可以实现商品的精准推广。利用淘宝直通车推广，在给商品带来曝光量的同时，精准的搜索匹配也给商品带来了精准的潜在买家。用一个点击让买家进入店铺，产生一次甚至多次的店铺内跳转流量，这种以点带面的关联效应可以降低整体推广的成本，并提高整店的关联营销效果。因此，对于直通车而言，最重要的就是点击率这个核心维度。

当买家通过搜索关键词进入店铺，就会在搜索商品结果页面的右侧看到直通车图片，如图6-1所示。因此，如何运用图文结合的方式来展示商品、吸引消费者点击是直通车图优化的重点。

图6-1

在图6-1所示的图中，直通车商品投放位置在红色框内，这款儿童故事机的图片设计制作显得相对简单。在用色上，采用的是浅色调，不够吸引眼球；在文案设计上，也没有充分体现促销活动或者价格优势。因此，可以从这几个方面对图片加以改良。

首先，确定推广的商品所针对的消费群体，同时分析他们的爱好，以确定设计的风格及颜色。由于要推广的商品为儿童故事机，因此针对的消费群显然是拥有小宝宝的年轻父母，在设计风格上应该尽量体现可爱的一面，在颜色定位上则应该采用活泼鲜艳的色调。

其次，要根据消费群体分析其消费能力，这样就可以确定用什么样的促销方式来吸引消费者。

最后，还要分析消费群体的偏好来确定商品卖点，找出竞争对手形成差异的卖点，通过文案合理地体现出来。

同样是儿童故事机的直通车图，如图6-2所示，它在设计制作的时候就注意到了活泼、可爱、色彩鲜艳、多功能、多资源等设计要点。

图6-2

一张优秀的直通车图，其实不仅能够明显提升点击率，而且对于商品的转化率甚至品牌形象也有无形的提升。毕竟直通车图是买家与卖家产生的第一次联系，直通车图的好坏直接决定了买家是不是要点击。而只有图片被点击了，商品才有被购买的机会。一般来说，直通车图的构成主要由背景、文案、产品、模特等几个部分组成，不同风格的直通车图就是通过不断变换这几个部分的排列方式来表现的。

1. 颜色差异化

在创意图的背景色、文案和产品颜色上面做文章，就是让背景与周边的竞品区分开来，让自己产品就像"万绿丛中一点红"，让人觉得异常醒目。

图6-3　　　　　　　　图6-4　　　　　　　　图6-5

图6-3和图6-4都是白色背景，只有图6-5选用的是黄色背景，使得图6-5很快就能吸引买家的眼球。

2. 巧用卡通人物和形象

很多人都是从小看着动画片长大的，在崇尚个性自由、节奏快的今天，卡通形象无疑可以激发人们内心最柔软的一面，让买家无形当中对产品产生好感，如图6-6～图6-8所示。

图6-6　　　　　　　　图6-7　　　　　　　　图6-8

3. 卖点深挖

无论是什么产品，毕竟还是用来解决需求的，如果在直通车图上能够把产品的卖点淋漓尽致地展现出来，一定能够起到直击内心的作用，如图6-9和图6-10所示。

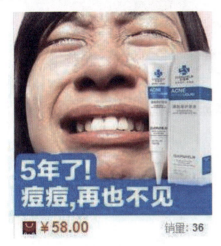

图6-9

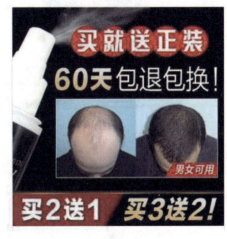

图6-10

4. 脑洞大开

这也是对美工人员的最高要求。经过测试，脑洞越大，直通车商品的点击率也越高。

6.2 聚划算主图的视觉设计

淘宝聚划算是阿里巴巴集团旗下的团购网站，是淘宝网的二级域名。该二级域名的正式启用时间是2010年9月。淘宝聚划算依托淘宝网巨大的消费群体，于2011年成为展现淘宝卖家服务的互联网消费者首选团购平台，确立了国内最大团购网站的地位，是淘宝内部优质流量的汇合处。对于卖家来说，聚划算用得好，不仅可以为自家店铺与商品带来丰富的真实流量，更能打造爆款，提升店铺销售额。因此，聚划算主图的设计就显得尤为重要，只有设计出有吸引力的聚划算主图，才能吸引买家点击，如图6-11和图6-12所示。

1. 聚划算主图的制作规范

首先，产品图片要与标签、产品特点、营销利益点分离，上传的产品图片中不得出现任何形式的自制标签以及产品特点、营销利益点等文字信息。如有填写需要，必须在聚划算商品发布后台完成填写。

图6-11

图6-12

其次，Logo统一放置在画面左上角，不得添加底色，显示大小最宽不超过180像素，最高不超过120像素。Logo最左侧及最上侧均离产品图片左侧及上侧20像素。

建议图片背景只选择真实拍摄的实景或者单色背景（包括同一色调的渐变），不建议使用多色或者多个实拍背景，不建议出现水印。

建议不要使用画中画，商品图片需要展示多个主体（模特、商品）时，建议保持同类主体（模特、商品）之间比例一致且背景统一，不建议多色商品展示与色卡展示同时使用。另外，由于在无线端不展示标签、产品特点及营销利益点，在画面的平衡上需要慎重考虑。

2. 聚划算主图设计案例

Step01 打开Photoshop CS6软件，单击"文件"菜单或者按 "Ctrl+N"组合键新建一个宽为800像素、高为800像素的空白画布，命名为 "聚划算主图"（文件名称可以随意指定，不过，建议命名时应选取简单易记、好识别的名称），如图6-13所示。

图6-13

Step 02 单击"移动工具"图标,将素材图"小兔故事机"拖入画布,并保证"小兔故事机"图层在所有图层的最上方,如图6-14所示。

图6-14

Step 03 通过拾色器为背景图层选择一个马卡龙色系的浅蓝色,按 "Alt+Delete"组合键为其填充颜色,如图6-15所示,填充的效果如图6-16所示。

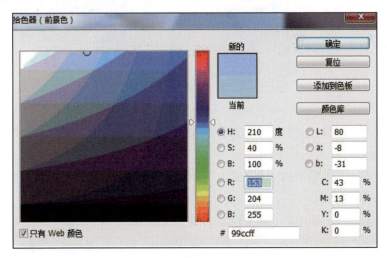

图6-15

图6-16

Step 04 单击工具箱中的"矩形选框工具"图标，按住鼠标左键不放并在画布的左上角拖出一个矩形，并按"Alt+Delete"组合键为其填充深蓝色，如图6-17所示。

图6-17

Step 05 单击工具箱中的"文字工具"图标，创建文本图层，并在深蓝色矩形内添加文字，如图6-18所示。

Step 06 单击工具箱中的"文字工具"图标，创建文本图层，并在浅蓝色背景上方添加文字，如图6-19所示。

Step 07 单击工具箱中的"圆角矩形工具"图标，按住鼠标左键不放并在背景图层上拖出一个大小合适的圆角矩形，并且按"Alt+Delete"组合键为其填充颜色，如图6-20和图6-21所示。

图6-18

图6-19

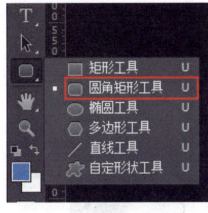

图6-20

图6-21

Step 08 单击工具箱中的"文字工具"图标，创建文本图层，并在填充好颜色的圆角矩形上添加文字"语音通话 亲子互动 蓝牙连接"。再利用移动工具调整各图层的大小和位置，最终效果如图6-22所示。

图6-22

6.3 钻石展位图的视觉设计

钻石展位（简称钻展）是淘宝网图片类广告位竞价投放平台，是为淘宝卖家提供的一种营销工具。钻石展位是按照流量竞价售卖的广告位，计费单位为CPM（每千次浏览单价），按照出价从高到低进行展现。钻石展位依靠图片创意吸引买家点击，获取巨大流量。因此，考察钻展图投放性价比的关键在于点击率。在同样成本支出与展现量的情况下，钻展图的点击率越高，其所引起的引流效果就越明显。要想提高钻展图的点击率，就得让图片更加具备视觉冲击力和吸引力。

1. 主题突出

推广展示的过程就像一次陈述，必须有一个明确的主题，所有的元素都必须围绕这个主题展开。常见的主题一般有价格、折扣和其他促销内容，所以这个信息应该是放在视觉焦点上的、被突出和放大的元素，如图6-23 和图6-24所示。

图6-23

图6-24

2. 目标明确

不同目标消费人群的审美标准是不同的，图6-25所示的两张画面一个针对白领，一个针对学生，所以在字体、颜色以及细节上都有所不同。图6-25用到的优雅、简洁的黑色字体衬托出产品的气质，也没有出现大量的促销信息，这些都让这个画面更能打动其目标用户——白领女性；而图6-26用到的字体则相对生动活泼，在色彩运用上也比较大胆、鲜艳，促销信息也用大面积来展现，这个画面的设计则更加吸引年轻的学生。

图6-25

图6-26

另外，心理学上的投射效应告诉我们，要让消费者把自己想象成画面上的模特，在模特的选择上要应用这个原理。投射心理要求模特的选择要符合目标人群的心理期望年龄。例如，目标为十三四岁的人群，模特要选十五六岁的；目标为四十岁人群，模特则要选择三十岁的。

3. 形式美观

形式美观主要是指从字体、色彩、构图、标签及营造的气氛等方面去综合衡量画面质量。

字体纷繁复杂，中文字体有数千个，英文字体也有数万个，怎样选择合适的字体呢？这里给读者提供一个诀窍，按照读音来选择字体。人们对文字的阅读，往往会在心里进行快速的默念，默念的时候便会不自觉地模仿角色的发音。例如，在默念一段儿歌的时候心里就会发出一种童声，而在默念一个江湖人士的话时就会模拟一个缓慢的男低音。根据这种现象，在设置字体的时候只要把它读出来就好了。图6-27所示是活泼的"男中音"，所以字体是充满青春朝气的，巧妙的英文字体的搭配更加体现出此店铺男装所突出的"潮"

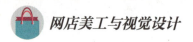

的特点；图6-28所示则属于活泼的"女中音"，在字体的选用上直接用了韩文，跟产品的风格完全吻合；图6-29所示则属于典型的"男低音"，所以字体是粗犷有力的。

图6-27

图6-28

图6-29

色彩的基调产生色彩情感，而色彩对比增加画面的空间感。通常，推广图的用色都不会超过三种，并且会按照7：2：1的比例去配置。也就是说，三种颜色的面积之比为7：2：1。

在广告设计中还经常要用到一些标签，如价格标签、促销内容标签（满就送、打折等）。这些标签的设计也要符合商品的特点，如图6-30所示，标签简洁明快，色彩搭配柔和又不失吸引力。

图6-30

　　伴随着各种促销活动的开展，氛围的营造就成了吸引消费者的重要因素，在提高点击率方面也起到了举足轻重的作用。图6-31所示是百威啤酒天猫官方旗舰店的推广图，它很巧妙地利用足球赛场为主题背景，在世界杯这个主题上营造了一个很"燃"的一个看球氛围，让球迷一看到这样的图片就不免热血沸腾，身临其境。其文案的设计也非常巧妙，利用网络热词"燃"来撩动消费者的神经，"7月6日属于百威的11.11""付定金抢百威限量礼盒"都充分起到了暗示购买的作用，效果极佳。

图6-31

　　下面来欣赏几个优秀案例，希望能为设计制作钻展图提供一些思路，如图6-32～图6-35所示。

图6-32

图6-33

图6-34

图6-35

习题训练

（1）请在淘宝上找出直通车做得好的店铺，并分析其直通车图的优势。

（2）请列举几张你认为有设计感的钻展图，并一一说明它们好在哪里。

（3）请根据本章所学知识设计一张家居类的聚划算主图。

（4）请根据本章所学知识设计一张女装类的钻石展位图。

第7章

详情页视觉设计

学习目标

能力目标

❶ 能掌握观察和分析网络资源的能力。

❷ 掌握产品展示图、产品尺寸图、产品细节图的制作。

❸ 掌握优化详情页的能力。

知识目标

❶ 熟悉详情页常用尺寸、详情页的基本元素。

❷ 掌握详情页的参数设置及设计步骤。

❸ 了解详情页制作的规律性问题。

7.1 详情页设计概述

产品的详情页是提高转化率的首要入口,一个好的产品详情页就像专卖店里的一个好的推销员,面对各式各样的客户,一个方法是用语言打动买家,而另一个方法则是用视觉传达的方式展示产品的特点。

7.1.1 设计前的市场调查

相信没有一个买家在看商品的时候不去了解详情页就直接购买商品的,好的详情页一定是能激起买家的消费欲望、解答买家心中疑惑的。详情页的制作过程其实就是一个完整的销售过程,所以,在设计详情页之前要充分进行市场调查、同行业调查,深入了解产品,同时也要做好消费者调查,分析消费者人群,分析其消费能力及喜好,以及买家购买时所在意的问题等。

1. 如何进行调查

通过淘宝指数可以清楚地查到买家的喜好以及消费能力、地域等很多数据,学会利

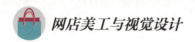

用这些数据对优化详情页很有帮助。另外，还可以通过付费软件进行一些分析，如图7-1所示。

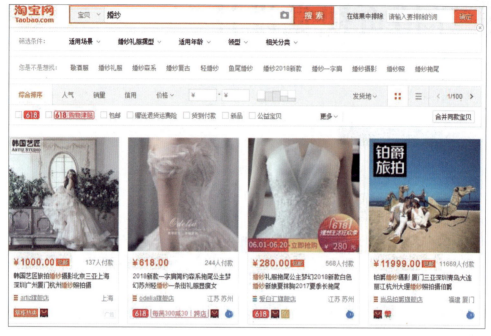

图7-1

2. 如何了解买家最在意的问题

在进行详情页设计前可以从买家评价里挖出很多有价值的东西，了解买家的需求及购买后遇到的问题等。

举例来说，一个键盘膜卖家发现其店铺评价里中差评很多，大多是抱怨键盘膜太薄，一般的掌柜可能会在下次直接进厚一点的货。而这家掌柜则直接把描述里的卖点改为"史上最薄的键盘膜"，结果让人出乎意料，评分直线上升，评价都是键盘膜比较薄之类的评语，直接引导并改变了买家的心理期望，达到了非常良好的效果，如图7-2所示。

3. 如何归纳市场调查结果

根据市场调查结果以及自己的产品进行系统的分析总结，罗列出买家所在意的问题、同行的优缺点，以及自身产品的定位，挖掘自己产品与众不同的卖点，以确定本店的消费群体。

根据消费者分析结果、自身产品卖点的提炼，以及商品风格的定位，来准备所用的设计素材（包括详情页所用的文案），并确立宝贝详情页的用色、字体、布局等。最后还要烘托出符合产品特点的氛围，例如冲锋衣的详情页可以采用冰山效果的背景，如图7-3所示。

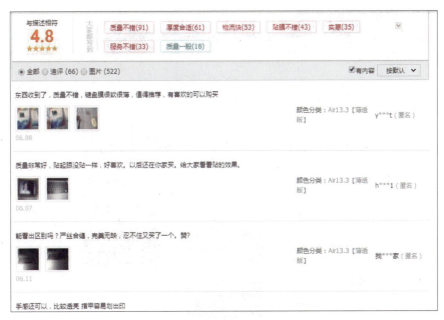

图7-2

图7-3

7.1.2 详情页设计思路

详情页设计是直接决定交易能否达成的关键因素。怎样才能使详情页具有吸引力？怎样才能抓住消费者的心理？有经验的销售员一定会有这种体会，几乎所有的买家在成交过程中都会经历一系列复杂、微妙的心理活动，包括对商品成交的数量、价格等的一些想法，以及如何成交、如何付款等。所以要卖家了解买家网络购物时的心理历程，如图7-4所示。

图7-4

由于客户不能真实体验产品，因此详情页要打消买家的顾虑，从客户的角度出发，关注对其最重要的几个方面并不断强化，告诉买家"我是做这个的专家""我很值得信赖""我们卖的不是产品，卖的是价值！"详情页应让买家明白产品能满足什么需求，让买家理性进来，最后感性下单。在做好前期调研和客户心理分析之后，接下来要考虑的就是详情页的具体展现内容问题了。详情页最常见的产品展示框架就是"产品价值+消费信任"。

详情页前半部分用于展现产品价值，包括创意海报、产品的卖点及功能、产品规格参数信息。后半部分用于培养买家的消费信任。买家的消费信任不光可以通过各种证书、品牌认证的图片来树立，还可以使用正确的颜色、字体和排版结构来赢得。详情页中每一个模块都有它的价值，都要经过仔细的推敲和设计。

详情页中的各模块的排版基本遵循以下顺序：引发兴趣→激发购买需求→再次营销→赢得信任→产品关联，如图7-5所示。

详情页的具体内容如下。

（1）收藏+关注（优惠券或者购物活动）。

（2）焦点图（突出单品的卖点，吸引眼球）。

（3）推荐热销单品（3～4个店铺热卖的单品）。

（4）产品详情+尺寸表（编号、产地、颜色、面料、重量、洗涤建议等）。

（5）模特图（至少一张正面图、一张反面图和一张侧面图，从不同的角度展示商品）。

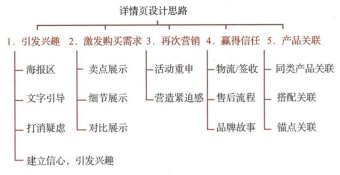

图7-5

（6）场景图（以不同的场合引起视觉美感）。

（7）产品细节图（把具体的材质、颜色展示出来）。

（8）同类型商品对比（产品优劣对比）。

（9）买家秀展示或者好评截图（展示好口碑）。

（10）搭配推荐（如优惠套餐）。

（11）购物须知（邮费、发货、退换货、衣服洗涤保养、售后问题等）。

（12）品牌文化简介（让买家觉得品牌质量可靠）。

在设计详情页的时候要更多地考虑如何激发顾客的消费欲望，获取买家对店铺的信任，打消买家的消费疑虑，促使买家下单。

7.1.3 详情页排版

常见的详情页排版方式如图7-6所示。

产品展示图

宝贝卖点/作用/功能

规格参数信息

宝贝优劣对比

全方位展示/细节图片展示

产品或店铺资历证书

售后保障问题/物流

图7-6

1. 产品展示图

根据广为流传的前三屏3秒注意力原则，开头的大图是视觉焦点，背景应该采用能够展示品牌调性以及产品特色的意境图，以便在第一时间吸引买家注意力。

2. 宝贝卖点/作用/功能

根据FAB法则，按照F（特性）+A（作用）+B（好处）的顺序介绍商品会获得买家的信任感。其中，Feature（特性）指材质、设计的特点，即产品在品质上与众不同的地方；Advantage（作用）是从特性引发的用途，即产品独特之处，就是这种属性将会给买家带来的作用或优势；Benefit（好处）指产品的作用或者优势给买家带来的利益和好处（因人而异）。

3. 规格参数信息

宝贝的可视化尺寸设计可以采用实物与宝贝对比的方法，让买家切身体验到宝贝的实际尺寸，以免收到货的时候有心理落差。

4. 宝贝优劣对比

通过对比强化宝贝卖点，不断地向买家展示商品。

5. 全方位展示/细节图片展示

宝贝展示以宝贝的主推颜色为主，服装类的宝贝要提供模特的三围及身高信息。可以在后面放置买家真人秀的模块，目的就是拉近与买家的距离。细节图片要清晰、富有质感，并且附带相关的文案。

6. 产品或店铺资历证书

通过店铺的资历证书及生产车间方面的展示，烘托出品牌和实力，但是一个店铺的品牌不是通过几张图片以及写一个品牌故事就可以树立起来的，而是在整个买卖过程中通过各种细节展现给买家的。

7. 售后保障问题/物流

售后是解决买家已知和未知的各种问题的，如是否支持7天无理由退换货，发什么快递，快递大概几天可以到，产品有质量问题怎么解决。做好这些可以减轻客服的工作压力，提高静默转化率。

7.2 详情页模块设计

详情页的各模块之间是相互组合、各有差异的，就像语法中的主语、谓语、宾语一样。有的模块是整个宝贝描述中最主要的组成部分，有的模块起修饰的作用，让产品看上去更加诱人，给买家更多的购买理由。

▶▶ 7.2.1 产品展示图设计

用户购买产品最主要看的就是产品展示的部分，在这里需要让客户对宝贝有一个直观的感觉。通常，这个部分以图片为主，文案为辅。按选择的图片素材分，可将产品展示图分为摆拍图和场景图两种类型。

摆拍图能够最直观地表现产品，拍摄成本相对较低，大多数卖家自己也能够实现。摆拍图的基本要求就是能够把产品如实地展现出来。走平实无华路线，有时候这种态度也是能够打动消费者的。图片通常需要突出主体，用纯色背景，讲究干净、简洁、清晰。这种拍摄手法比较适合家居、数码、鞋、包等小件物品，如图7-7所示。

而场景图能够在展示产品的同时，在一定程度上烘托宝贝的氛围，通常需要较高的拍摄成本和一定的拍摄技巧。这种拍摄手法适合有一定经济实力的卖家。如果场景运用得不好，反而会增加图片的无效信息，分散买家的注意力。场景图需要体现出产品的功能，或者是一个唯美而有意境的图片，如图7-8所示。

图7-7

图7-8

下面通过一个实际案例来介绍详情页产品展示图的设计，如图7-9所示。

图7-9

Step 01 打开Photoshop CS6软件，使用钢笔工具把产品素材展示内容以选区的形式提取出来，如图7-10所示。

图7-10

Step 02 在菜单栏中执行"图像"→"调整"→"亮度/对比度"命令，调整产品的明度，如图7-11所示。

图7-11

Step 03 在菜单栏中执行"图像"→"调整"→"色相/饱和度"命令，调整产品的纯度和色彩偏向，如图7-12所示。

图7-12

Step 04 在菜单栏中执行"文件"→"新建"命令，在弹出的对话框中设置画布宽度，范围为750～950像素，设置高度，范围为300～600像素；选择符合产品特点、店铺风格的背景基础素材图片，如图7-13所示。

Step 05 选择自由变化工具，按 "Ctrl+T" 组合键，通过控制点调整产品图片到合适的大小，然后合成背景，如图7-14所示。

图7-13 图7-14

Step 06 选择 "投影"图层样式，提高产品和背景的融合度，投影的角度要和背景光感角度一致，如图7-15所示。

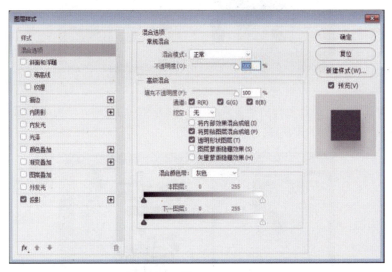

图7-15

Step 07 选择圆角矩形工具，创建半径为10像素的圆角矩形，使文案信息可以分层次编写，颜色选择背景的点缀色，如图7-16所示。

图7-16

Step 08 选择文字工具编写文案，使用合理字体突出产品的特点或促销信息，如图7-17所示。

图7-17

Step 09 选取同产品颜色和店铺背景颜色相协调的辅助图形，使用高斯模糊滤镜融合背景，提高产品展示图的层次感，如图7-18所示。

图7-18

7.2.2 产品卖点模块设计

卖点模块的主要作用是对产品的卖点、功能以及详细参数做解析。因为图片是无法动态地展示商品使用情况的，所以需要在图片上对于产品的功能做更详细的说明。这样能大大地提高买家对宝贝的认知。

下面通过一个实际案例来介绍详情页产品卖点模板的设计。

Step 01 打开Photoshop CS6软件，在菜单栏中执行"文件"→"新建"命令，在弹出的对话框中设置宽度为750像素，高度为1700像素，如图7-19所示。

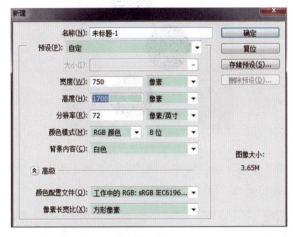

图7-19

Step 02 选择同产品颜色和店铺背景颜色相协调的邻近色作为背景基础颜色，如图7-20所示。

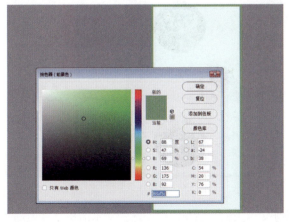

图7-20

Step 03 通过椭圆工具绘制出所需的形状作为视觉引导线。为了让买家的视线停留在兴趣点上，布局中使用了曲线来对视线进行引导，将买家感兴趣的商品放在曲线上，使其呈现出S形，让整个画面不会因为众多的商品信息而显得呆板、单一，体现出较强的设计感，如图7-21所示。

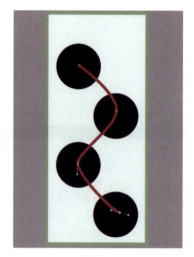

图7-21

Step 04 利用"剪贴蒙版"功能将产品图片的局部展示出来，并使用"描边"图层样式对细节图像的边缘进行修饰，如图7-22所示。

图7-22

Step 05 使用横排文字工具为画面添加所需的文本信息，并通过"字符"面板对文本属性进行设置，如图7-23所示。

图7-23

Step 06 再通过矩形工具绘制标题栏中所需的形状，将其合理地组合在一起，制作出一种简约风格，如图7-24所示。

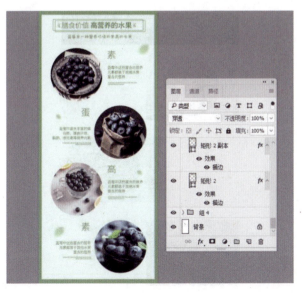

图7-24

图片有时不能完全反映产品的真实情况，因为图片在拍摄的时候是没有参照物的，所以还需要在卖点模块加入产品规格参数。产品规格参数是买家判断商品整体感觉的主要方式，如图7-25所示。

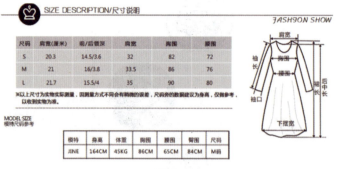

图7-25

Step 07 通过自定形状工具、椭圆工具和矩形工具绘制出标题栏和表格中所需的形状。

Step 08 使用横排文字工具标出产品参数。

Step 09 使用钢笔工具，配合路径绘制出产品形态。

▶▶ 7.2.3　产品细节模块设计

在产品展示模块里，买家可以找到产品的大致感觉。当买家想要购买的时候，产品细节模块就开始起作用了。细节是让买家更加了解这个产品的主要手段。这就要求卖家尽可能地展示产品的细节条件和材质。

下面通过一个实际案例来介绍详情页产品细节模块的设计，设计效果如图7-26所示。

图7-26

Step 01 打开Photoshop CS6软件，在菜单栏中执行"文件"→"新建"命令，在弹出的对话框中设置宽度为750像素，高度为1200像素；选择纯度低、明度反差大的颜色作为背景颜色，并使用标尺工具根据细节展示图的数量合理分割画面。因为细节内容较多，所以要尽可能地规整划分，如图7-27所示。

Step 02 通过矩形工具创建出正方形的选区，用绘制的选区来创建图层蒙版，对图像的显示进行控制，并把细节图添加到区域中，适当调整其大小，如图7-28所示。

图7-27

图7-28

Step 03 通过"亮度/对比度"命令调整图层，对细节图的层次、亮度和色调进行调整，使其更具视觉冲击力，如图7-29所示。

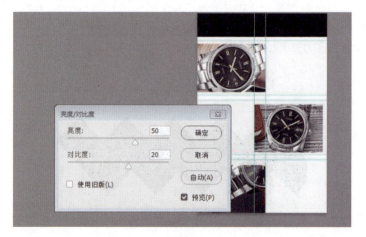

图7-29

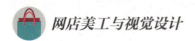
Step 04 使用横排文字工具为画面添加所需的文本信息，并通过"字符"面板对文本属性进行设置，再通过线条图形丰富文案的局部，如图7-30所示。

图7-30

7.2.4　产品售后服务模块设计

在宝贝详情页面的最下面应添加该产品的售后服务信息，从"发货时间""关于快递""客服体系"和"退换货"等方面进行分析与阐述，以提升顾客对店铺的信任感，让顾客能够放心地购物。在产品售后服务模块的设计中，可使用可视化的流程图进行设计，将具体的图像与文字结合起来，以时间轴的方式表现出服务的顺序和内容，让顾客直观地感受到商家服务的力度和诚意。

下面通过一个实际案例来介绍详情页产品服务模块的设计。

Step 01 打开Photoshop CS6软件，在菜单栏中执行"文件"→"新建"命令，在弹出的对话框中设置宽度为950像素，高度为600像素；使用矩形工具绘制出所需的矩形，填充适当的颜色；接着使用"图层样式"绘制出矩形下方的阴影，如图7-31所示。

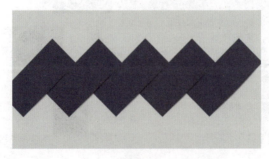

图7-31

Step 02 单击工具箱中的"横排文字工具"图标，在适当的位置单击，输入所需的文字，打开"字符"面板，并对文字的属性进行设置，适当调整文字的角度，如图7-32所示。

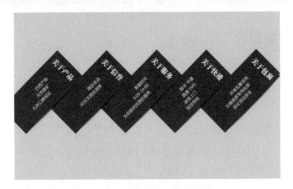

图7-32

Step 03 使用椭圆工具绘制圆形，接着使用钢笔工具绘制心形和箭头形状，再使用横排文字工具添加所需的文字，打开"字符"面板并设置文字的属性，如图7-33所示。

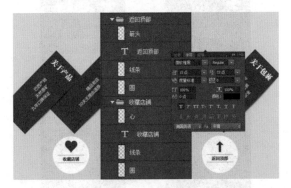

图7-33

Step 04 使用钢笔工具绘制"保障"的字样，接着使用横排文字工具添加所需的文字，打开"字符"面板并设置文字的属性，完成本案例的制作，如图7-34所示。

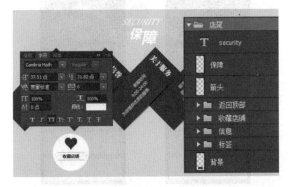

图7-34

7.3 优化详情页其他设计

7.3.1 产品分类设计

产品分类是位于页面左侧的产品类别目录，是以文字或者图文结合的方式展现的。它可以使买家在浏览店铺产品的时候感觉产品种类更加直观、清晰。接下来设计一款多彩风格的产品分类区。

Step 01 打开Photoshop CS6软件，在菜单栏中执行"文件"→"新建"命令，在弹出的对话框中设置宽度为150像素，高度为600像素；使用矩形工具绘制出所需的矩形，填充适当的颜色，作为店铺信息分类栏，效果如图7-35所示。

Step 02 单击工具箱中的"横排文字工具"图标，在适当的位置单击，输入所需的文字，打开"字符"面板，对文字的属性进行设置，效果如图7-36所示。

图7-35　　　　　　　图7-36

7.3.2 产品搭配区域设计

在进行网店装修的过程中，通常会将产品搭配销售的区域放在单个商品详情页的顶部。但内容不会太多，因为过多的内容会对当前商品的详情展示产生影响，削弱买家对目标商品的关注度。在设计产品搭配区域的时候，一定要把握住设计尺寸的"度"，在吸引买家对产品搭配区域产生兴趣的同时，不要让商品详情页中的内容太过滞后。

有时也会将产品搭配区域做成一个专题。如果产品的类别和风格相近的话，可以分屏设计不同的风格，例如第一屏做明星搭配，第二屏做某个色系的搭配，第三屏做款式搭配等。同时可以搭配一定的文案，以延长买家在页面的停留时间。下面以一个家居店铺为例介绍产品搭配区域设计。

Step 01 使用矩形工具绘制所需的矩形，填充符合产品风格的颜色，接着使用钢笔工具绘制斜面线条的形状形成产品搭配区域的整体布局，效果如图7-37所示。

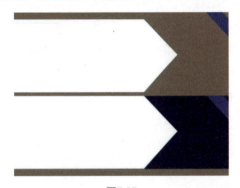

图7-37

Step 02 单击工具箱中的"横排文字工具"图标，在适当的位置单击，输入所需的文字，打开"字符"面板，对文字的属性进行设置，并适当调整文字的角度，效果如图7-38所示。

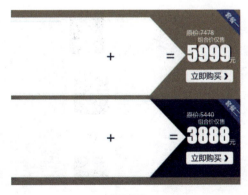

图7-38

Step **03** 使用画笔工具绘制矩形下方的阴影，然后把产品图片增加到图像当中，如图7-39所示。

图7-39

在详情页中添加搭配套餐是现在比较普遍的促销方式，但是很多卖家不懂得其中的促销技巧，只是根据自己的主观意识或者产品库存来设置。实际上，在使用套餐模板进行设计合成的时候，要注意商品的风格、色调与模板的协调性，如果商品的色调偏淡，那么在选择模板的时候一定要选择明度较高的模板来进行制作。除此之外，还要考虑套餐模板与整个页面的统一，不要因风格不同而令人产生格格不入的感觉。

▶▶ 7.3.3 使用切片工具优化展示

在产品详情页制作完成后，不能直接将其保存为JPG图片格式上传到店铺中使用，因为如果图片容量过大的话，买家在浏览店铺的时候，无法快速地将产品展现出来，从而影响成交率。此时可以使用切片工具将图片切割成合适的尺寸，再保存为适合网页的格式。

Step **01** 在工具箱中单击"矩形工具"图标，按住鼠标左键不放，根据需要绘制大小合适的切片，并重复进行分割，如图7-40所示。

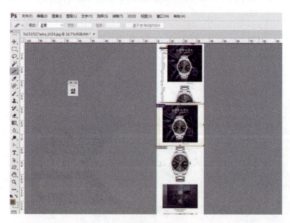

图7-40

Step 02 执行"文件"→"存储为Web所用格式"命令，在弹出的"存储为Web所用格式"对话框中，设置图片格式为JPEG，品质为80，单击"存储"按钮，如图7-41所示。

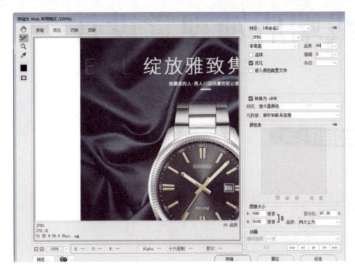

图7-41

Step 03 在弹出的"将优化结果存储为"对话框中，设置格式为"HTML和图像"选项。

在绘制切片时，一定要保证切片的宽度与图片宽度一致，且切片与切片之间的衔接应在同一条直线上，否则存储图片时将会出现图片切割不整齐或图片区域重复的现象。

详情页设计完成之后需要配合分析询单率、停留时间、转化率、访问深度等数据进行不断的优化，上面的详情页框架只是给读者提供一个参考，不同行业要不同对待，最好的方法就是收集同行业销量排名前几的设计，分析它们的布局和文案，先模仿后创作。网店美工人员不应该只停留于技术层面，也应该有自己的思路和想法，有和运营讨论的资本，让自己有更大的提升空间。

习题训练

（1）请设计并制作一个女装店铺的详情页。

（2）请分析并总结详情页必要的组成要素。

第8章

无线端店铺视觉设计

·学习目标

能力目标

❶ 了解什么是无线端店铺。

❷ 熟练掌握无线端店铺的装修风格及页面布局。

❸ 无线端店铺商品首页及详情页设计技巧。

知识目标

❶ 掌握无线端店铺的特征。

❷ 掌握无线端店铺的导购思路。

❸ 掌握无线端店铺模板的参数设置。

8.1 无线端店铺视觉设计

在当今的互联网时代，智能手机的运用几乎遍布整个世界，人们越来越注重手机端的研究开发与应用，而随着智能手机设备的发展和成熟，淘宝不停地把流量引到无线端上，现在移动端流量占比达80%以上。另外，无线端页面的设计有许多的规范，大到整个页面的排版和呈现方式，小到一个图标的尺寸，都关系到页面的视觉美观程度以及用户体验。因此，对于电商企业来说，无线端店铺视觉设计成为重点关注对象之一。

1. 无线端店铺的设计特点

淘宝无线端就是相对于PC端而言的移动设备上的淘宝，即手机、平板等移动设备上的淘宝应用，可用手机登录淘宝网，或者通过"手机淘宝""天猫"等软件查看。无线端店铺旨在满足不同用户的购物需求，其中聚合了大量的功能，呈现出了流量大、点击率高、转化率高等特点。从无线端店铺的搜索来看，无线端搜索延续了PC端淘宝软件的人气算法，并加入了买家的差异化行为习惯进行调整。

随着移动互联网越发强大，淘宝无线端成交量已经远远大于PC端，用户使用无线端下单更加方便，淘宝卖家要知道淘宝无线端用户的特征并有针对性地优化宝贝，才能把店铺经营得更好。

淘宝无线端因其屏幕的限制，不管是手机海报还是展示图片，文字要尽量少，有文字的也要保证能通过手机屏幕被人眼分辨。对无线端宝贝详情页的优化，可使店铺获得流量倾斜、搜索加权、优先展示。但是要记住，无线端的宝贝详情页一定不能用PC端的宝贝详情页替换，这样会大大影响买家对产品的真实体验。

2. 无线端店铺与PC端店铺的区别

近年来，用户流量越来越多地涌向了无线端，大家已经渐渐习惯在无线端上看新闻、刷朋友圈和购物了，绝大部分淘宝卖家也可以明显地感受到无线端的订单成交比例已经赶超PC端。但是值得注意的是，无线端有其自身的特点，在店铺的推广运营上绝不能照搬PC端的策略和方法，接下来了解无线端店铺和PC端店铺的差异。

（1）在使用人群方面，无线端店铺的用户更加年轻化，以年龄在24～29岁之间的年轻人居多，而且女性用户多于男性用户。

（2）在使用时间段方面，无线端店铺的使用高峰期不同于PC端店铺的流量高峰期，无线端店铺一般在上班前、中午、下午、下班后使用较多，晚上是PC端店铺的流量高峰期。

（3）在停留时间方面，无线端店铺用户都是利用碎片时间浏览网页，停留的时间较短，因此对网页打开速度的要求相对于PC端店铺来说较高，一般超过3秒网页没打开，用户就跳转了。

（4）在使用场景方面，一般无线端店铺用户都在上下班时乘坐公交地铁或午休吃饭或与朋友聚会的时间间隙，以及晚上休息时间使用。

（5）在个性化展示方面，手机屏幕比PC端屏幕要小，单个屏幕展示数量相对有限，要让买家更快地找到自己喜欢的产品，对主图的要求相对较高，展示的内容需要更加吸引眼球，主题更加突出。

（6）在浏览商品方面，PC端可以同时打开好几个商品页面来进行对比浏览，这就让店铺商品跳失率和页面停留时间都稍好些，因为消费者要比较，要货比三家。但在无线端，一次只能浏览一个商品页面，看这家的商品页面，就只能关掉那家的商品页面，这让消费者的耐心进一步降低，如图8-1所示。所以，在无线端店铺的视觉营销设计必须更加直接、高效，要尽可能地做到让消费者不需要思考就下意识地点击。

针对使用人群、使用时间段、停留时间、使用场景、个性化展示和浏览商品六个方面的差异采取相应的对策，不管是PC端还是无线端，只有知己知彼方能百战不殆。

在PC端可同时查看多家商品以进行比较

在无线端想查看更多信息必须先返回

图8-1

8.2 无线端店铺的设计

8.2.1 无线端店铺装修要点

在设计无线端店铺首页前需要明白，无线端店铺首页的布局决定着店铺内流量的流转效果。下面将从装修风格、页面布局和商品主图三个方面来介绍无线端店铺设计的主要内容。

1. 装修风格

在设计无线端店铺前，卖家需要根据自己的产品和店铺定位来选择合适的装修风格。为了营造更好的视觉效果，店铺内运用的色彩和风格应该保持统一。除此之外，还要体现出店铺的品牌文化及形象，给顾客留下好印象。图8-2所示为定位店铺风格的三个要素。

图8-2

色调是指店铺内整体的色彩格调。卖家应根据自己店铺品牌受众人群的心理特征来确定店铺的主色调。主色调并不是单纯地将不同色彩进行堆积，应注意轻重缓急。

确定了主色调后，需要靠辅助颜色进行衬托，使整体的风格不偏离主色调。需要注意的是，辅助颜色不能喧宾夺主，以免影响店铺整体的视觉效果。具体内容可以参考第2章，要注意无线端店铺的装修风格不要过于复杂、浮夸，应更加简洁、明了，便于买家快速获取信息。

2. 页面布局

在PC端，打开的商品页面可以直接往下拉，加载的速度也很快。但在无线端，消费者没有那么多的耐心，所以页面布局就非常重要。因为有一部分消费者看了主图之后就会决定是否要购买，如果他接着看详情的话，就意味着这个消费者有购买的可能。因此，只有不断吸引消费者浏览，才能保证消费者有足够的购买欲望。在无线端打开一个商品页面时，消费者从上到下看到的内容是主图、标题、价格、宝贝评价、问大家、店铺的基本信息。如果想看详情页，就需要继续拖动，查看图文详情，如图8-3所示。

图8-3

3. 商品主图

无线端店铺装修中最重要的环节就是商品主图设计。注意观察细节的读者应该会发现，在进入无线端店铺页面的时候，如果将PC端店铺的主图直接放到无线端，那么主图的上部和底部会有一部分被遮盖。主图制作要尽量按照淘宝的规则，第一张图的主要作用就是吸引消费者点击，宝贝的点击率全靠这张图，第二张图可采用白底无Logo和水印以突出产品本身，剩下的一些主图也很重要，因为很多无线端的买家在购物时只看主图。由于商品主图呈现在店铺首页上，因此它直接影响店面的整体形象，间接影响消费者在店内停留的时间。

图8-4为在无线端店铺页面中搜索"戒指"的显示效果，图8-5为某款戒指的主图效果，图8-6为该款戒指在店铺首页的展示效果。需要注意的是，商品主图以凸显商品的外观和款式为主，应避免使用过多的文案。

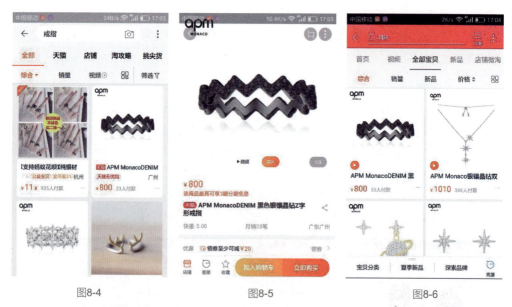

图8-4　　　　　　　　　图8-5　　　　　　　　　图8-6

▶▶ 8.2.2　无线端店铺装修思路

根据前一节所述的无线端店铺用户的特点，即使用时间碎片化和快速阅读的显著特点，无线端店铺首页装修有一定的局限性，并不能像PC端页面那样具有较大自由度的发挥空间。消费者连续看的时间可能不长，这就要求页面有简洁明了的表达，能突出产品的卖点以及店铺的利益点，让消费者第一眼看得懂，接着有兴趣看下去。对比用户在PC端的阅览习惯，无线端的阅读速度会相对更快。同时，用户使用无线端时相对PC端而言较短，注意力集中时间也较短。针对以上无线端店铺用户的特点，无线端店铺装修需要注意以下几点。

1. 清晰的导购思路

用户在看手机的时候会比较放松，如果在几秒内不能吸引到他，那么这个客户就流失了。因此，拥有一个清晰的导购思路是非常重要的。无线端店铺页面的设计核心是模块化，平台对页面模块的数量也有限制，因此要利用有限的模块创造更多的价值。

普遍的无线端店铺首页由以下几部分组成：店招、海报、分类入口、优惠券、单品展示等。一般而言，这几个部分大都按照顺序排列，图8-7所示的这个首页案例中，第一个模块的位置，可以利用无线即时效应，在新品上线或大型活动的前期在移动端提前预热；下面的模块给用户提供感兴趣的导购入口，降低跳失率；接下来就可以利用无线端进行"活动展示+产品推荐"，让用户依赖无线端，提高回访率；如果老客户人群占比较高，可以采用新品展示为主、人气产品展示为辅的形式呈现。

图8-7

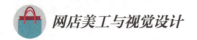

2. 简洁的店铺色调属性

在设计学中有一条"七秒钟定律"，有研究表明，"人关注一个商品的时间通常为7秒，而这7秒的时间内70%的人确定购买的第一要素是色彩"。同一版块内的颜色不要超过3种。这三种颜色可以看作是主色、辅助色、点缀色。例如，图8-8中百岁山矿泉水的无线端店铺页面，白色是主色，蓝色是辅助色，红色是点缀色。设计师使用这样的配色方案是根据恒大冰泉的品牌主色而决定的。这样的配色方案就能让这个页面看起来十分和谐、统一，因为无线端店铺的页面本身就很小，实在不适合过多地卖弄色彩。

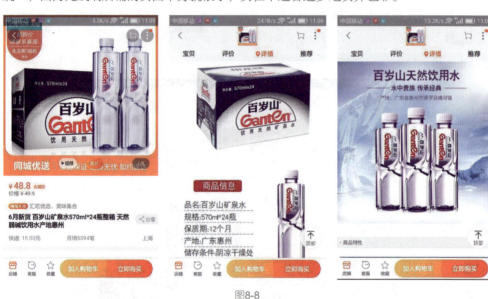

图8-8

另外，在装修的时候可以多使用万能搭配色，如黑、白、灰等颜色。因为这些颜色比较百搭，跟任何颜色搭配起来都会比较和谐且容易表现出高端的感觉。背景色尽量以浅色调为主，因为在移动端上观看时，浅色的背景更能突出产品本身，使得买家注意力集中在产品上。

3. 首页布局

确定了店铺装修风格之后，就需要设计首页布局。无线端店铺详情页宽度可以做到750～1240像素，由于手机屏幕和流量的关系，无线端店铺详情页最好控制在10屏以下，每屏切割为多个小屏。产品图片要突出整体场景，重视效果图和搭配感觉。首页上各类模块的搭配要统一、简洁。好的页面布局能够吸引更多顾客驻足。卖家可以先设计店铺首页的整体框架结构，再单独调整各个模块的内容。一般地，常见的店铺页面布局包括店招、导航栏、全屏海报、产品促销轮播海报、产品自定义主图展示区等，布局模板如图8-9所示。

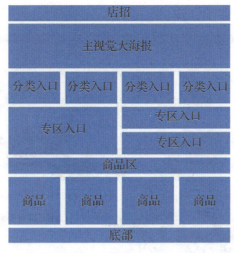

图8-9

4. 图片布局技巧

无线端店铺首页大多是以豆腐块的形式展现，范围确实有限，因此在选择图片上要尽量使用半身图或局部特写图，避免视觉上的不清晰。另外，要兼顾图片与图片之间的过渡搭配，如果全部都用半身图或局部特写图，页面就会显得单调和乏味。所以可以适当地穿插一些全景图，有意识地调整页面的节奏，使得整个页面更加和谐、活泼，如图8-10所示，全景图与局部图交替使用。

图8-10

图8-10（续）

5. 图文搭配的排列技巧

排版是为了统一布局文字和图片。在面积较小的情况下，统一能让页面看起来更大，还能避免因为"乱"和"杂"而产生的廉价感。从上面的无线海报案例看出，无线端店铺的海报设计相对于PC端的海报设计简直是小菜一碟，但想要做好它也不是容易的事情，读者可以根据实操积累的经验总结出一些规律。例如，文字大多是占整个海报的1/2或1/3，文字应尽量地放在同一个区域，在设计的时候，要注意文字间的关系，字体上粗下细、上大下小，架构主次分明。另外，无线端店铺首页的位置有限，在设计的时候要注意分清主次。先想清楚这个海报中要突出的重点是什么，是促销信息还是推宝贝，这些都是要在设计之前明确的内容。在图8-11和图8-12中，海报将促销定为重点，并推出了专属活动。买家看到这个海报后，就能知道该店铺将会开展一场假期大促销活动，同时，文字约占据海报的一半。

图8-13中的海报设计为热卖单品，下方还有优惠券，鼓励买家在看到促销信息后直接领取店铺优惠券，这在无形之中又增加了买家的购买欲望。

6. 产品类目布局技巧

从吸引买家的角度来讲，如果店铺类目明确，如餐具按照不同功能分为盘子、碗和杯具（见图8-14），买家就能快速找到自己想要的商品。毕竟，不是所有人都只冲着一款产品而来。有条件的话，可以在首页提供多种选择，这样做实际是在帮卖家留住买家。

从颜色搭配上来说，如果不做装修，在产品较多的情况下，分类页与主页的色调容易冲突。图8-15所示的箱包类店铺首页中，不同用途的箱包搭配不同的颜色，如黄色和出游类箱包搭配，黑色和商务出差类箱包搭配，红色和开学季优惠商品搭配。图8-16所示的店铺首页页尾设计展示了店铺内的商品分类、结束语、领取优惠券和店铺地图，方便买家按需选择。

图8-11   图8-12   图 8-13

图8-14   图8-15   图 8-16

8.2.3 无线端店铺模板参数介绍

针对无线端店铺首页的设计模块包含系统推荐模块和自定义模块，图8-17是系统推荐模块，可以随机从店里选择已有的产品，不用单独设计；图8-18是自定义模块，这个需要懂代码才能设置。下面以系统推荐模块为例进行介绍。

图8-17

图8-18

首先，首页的顶部是轮播海报，这里可以放多个轮播图片，因无线端店铺的屏幕限制，建议放1～3张即可，建议尺寸为608像素×304像素，或者使所有图片保持统一的长宽比即可。这里可以放店铺的主推款，还有一些店铺公告，如图8-19所示。

图8-19

轮播海报的下面是夺眼球的地方，很多店铺的活动信息或者促销优惠券会放在这里，如果放优惠券，最多只能放6个，尺寸统一，如图8-20所示。

| 滑动优惠券
248×146
最多放6个 | 优惠券1 | 优惠券2 | 优惠券3 |

优惠券

| ¥10
满265.00可用
2018.07.16-2018.07.31 | ¥20
满500.00可用
2018.07.20-2018.08.31 |

图8-20

接下来可以添加店铺分类，如是卖衣服的，可以分为外套、裙子、裤子等热卖主推的类目，尺寸建议设为296像素×160像素。如果用其他尺寸，则保持统一标准即可，如图8-21所示。

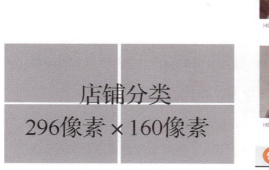

图8-21

淘宝的政策一直在调整，还需要美工人员经常关注最新政策，实时更新，确保制作出符合淘宝无线端要求和不断满足消费者视觉需求的设计。

习题训练

（1）请设计并制作一个时尚型化妆品的无线端店铺详情页。

（2）请设计并创作一个清爽风格的餐具无线端店铺详情页。

参考文献

[1] 杨毅玲. 网店美工[M]. 北京：电子工业出版社，2017.

[2] 陈晓燕. 网店美工[M]. 北京：中国劳动社会保障出版社，2017.

[3] 魏应峰. 淘宝、天猫、微店网店美工从入门到精通[M]. 北京：北京大学出版社，2017.

[4] 纪晓远. 营销型网店美工[M]. 北京：机械工业出版社，2017.

[5] 王楠. 网店美工宝典[M]. 北京：电子工业出版社，2016.

[6] 梁芳. Photoshop网店装修设计[M]. 北京：电子工业出版社，2016.

[7] 谢文创. 网店美工实战[M]. 北京：清华大学出版社，2015.

[8] 黛蒙德. 视觉营销——社会化媒体营销新规则[M]. 北京：电子工业出版社，2015.

[9] 王颖. 网店视觉营销[M]. 北京：中国铁道出版社，2018.

[10] 王昂，李敏，马玉洪. 移动电商视觉营销[M]. 北京：人民邮电出版社，2018.

[11] 曹天佑，王君赫. 网店美工：网店视觉设计实操指南[M]. 北京：清华大学出版社，2017.

[12] 彭兰. Photoshop网店美工设计与制作[M]. 武汉：西南师范大学出版社，2017.

[13] 张发凌. 手机淘宝开店、装修、管理、无线运营与推广一本就够[M]. 北京：人民邮电出版社，2017.